朝日新書
Asahi Shinsho 872

# 大江戸の娯楽裏事情

庶民も大奥も大興奮！

安藤優一郎



朝日新聞出版

# プロローグ〜銭を持たない江戸っ子の誇り

## 「お楽しみ」があふれる百万都市

「宵越しの銭を持たない」。粋な江戸っ子の気《き》っ風《ぷ》を表す言葉だ。

日々の稼ぎをその日のうちに使ってしまう江戸庶民の、お気楽な行動を指している。飲食などの生活費を除けば、稼ぎを注ぎ込む対象は余暇を楽しむための娯楽、つまりは遊興に尽きるだろう。それほど百万都市江戸には「お楽しみ」があふれていた。

世界有数の大都市に発展した町には、どのようなエンターテインメントがあったのだろうか。

江戸の姿を知るメディアとして、浮世絵はたいへん役に立つ。風景や人物のほか、浅草や両国などの歓楽街が題材として選ばれることが多く、飲食や遊興を楽しむ人々も描かれるのが定番となっていた。まさしく大江戸の繁栄を映し出す鏡である。

人間が生きる上で飲食は不可欠だが、遊興はケース・バイ・ケース、いわば嗜好品のようなものだ。人は、娯楽、遊興がなくても生きてはいけるだろう。しかし、世の中から本当にすべて消えてしまったら、生きる力は湧いてこない。

江戸っ子のなかにも日々の稼ぎを貯蓄に回すしっかり者もいたかもしれない。しかし、当時は銀行や郵便局などの公共機関に預けて利殖する制度はなかった。幕府が行う貸付(公金貸付という)の元手として大口の資金を預ける制度はあったものの、利用できたのは資産のある商人に限られた。懐の寂しい江戸っ子などは対象外だった。土地に投資する手法もあったが、庶民では投資できるほどのカネは蓄えられない。

結局のところ、生活費に使った後は娯楽・遊興に注ぎ込んでしまうのがお決まりのパターンだった。そんな消費行動が宵越しの銭は持たないという、負け惜しみのフレーズを生む。頻発する火事のため、一夜にして家財すべてを失う恐れがあったことも大きな理由だろう。

個々の宵越しの銭は少額である。しかし、百万都市の過半を占めた庶民たちが注ぎ込んだ小銭を総額で見れば、江戸の消費経済を動かす巨大な力になり得たはずだ。経済を活性化させ、ひいては大江戸の繁栄を支える原動力となったと考えても、あながち間違っていないだろう。

ちなみに、ここで言う庶民とは主に「九尺二間」の裏店住まいの商人や職人などの町人をイメージしている。開府から一世紀ほどで人口百万という世界有数の大都市に発展した江戸には、これら庶民のほかに幕臣や各大名の藩士、その妻女、奥女中たちも暮らしていた。

いわゆる鎖国のため内需依存の閉じられた社会を強いられた江戸時代、人々が娯楽・遊興に使った金銭が経済の活性化に果たした役割は大きかった。

本書では以下の五つの視点から、主に庶民を中心に江戸の娯楽事情の裏側を解き明かしていく。

各章の内容は次のとおりである。

第一章「『大当たり！』江戸の宝くじ～人気過熱の富興行」では、幕府公認の富突《とみつき》（御《ご》免富《めんとみ》）をめぐる悲喜こもごもの騒動に焦点を当てる。江戸では二日に一度ぐらいの割合で富くじが行われ、一獲千金を夢見た庶民が競って富札を購入した。運よく当たった「億万長者」は、どのくらいの元手で、いくらくらいの当選金を実際に手にしたのだろうか。やがて富突は乱立によって興行不振に陥る。そこで横行した違法行為の裏事情にも迫る。

第二章「『飲む・打つ・買う』の泣き笑い～歓楽街に咲いた、あだ花」では、江戸っ子が身代を潰すほどのめり込むこともあった飲食、賭け事、色街通いの実態に注目する。食への高い関心が昂じてグルメブームが生まれ、料理本の刊行や料理屋などのランキング付けも盛んだった。幕府がいくら禁止してもいたちごっこ状態だった賭博の横行、熾烈な競争を勝ち抜くための吉原の営業戦略、それぞれの裏側とは？

第三章「粋な男女で寄席と歌舞伎は大賑わい～寄席七百、芝居小屋二十」では、庶民が楽しんだ芸能の代表格である寄席と歌舞伎の盛況ぶりを復元する。寺社の境内で行われた歌舞伎も含めれば、江戸の芝居小屋は大小取り混ぜて二十カ所余。七百軒以上もあった寄席には武士も工夫して通ったが、実は、現代と同様、女性たちが芸能人気を支えていた。

第四章「大奥も大喜び、江戸の祭り～将軍様も楽しんだ非日常空間」では、江戸っ子の血を騒がせた祭りの本当の姿を見ていく。神田明神や山王権現の祭礼は、なぜ日本最大の娯楽空間になったのか？　当日までのスケジュールや準備作業を詳細に解き明かす。どんな台本が作られ、町奉行所はどのように目を光らせたのか。ゾウまで登場した「お祭り騒ぎ」の実態を見ていく。

第五章「開帳という大規模イベントの裏表～成功と失敗の法則」では、ハイリスク・ハイリターンだった開帳を覗き見る。幕府は寺社に開帳を許可することで堂舎の修復に必要な浄財を集めさせようとしたが、主催者にしてみると信仰心だけでは目標達成は心もとなかった。どのような仕掛けで話題作りをしたのか、三井や住友などの豪商は、どのようにバックアップしたのか、どのように大奥の女性たちを引き込んでいったのか。大規模イベントの裏側を明らかにする。

以上、五つの切り口から、江戸時代に大きく花開いた娯楽産業の舞台裏に迫ってみたい。

※〔貨幣換算について〕時代により変動の幅は激しいが、本書では金一両（＝四分＝十六朱）を約十万円と換算し、公定相場の金一両＝銀六十匁《もんめ》＝銭四千文の割合で叙述を進める。金一分が約二万五千円、金一朱が約六千円、銀一匁が約千六百円、銭一文が約二十五円とする。

# 大江戸の娯楽裏事情

庶民も大奥も大興奮!

目次

プロローグ～銭を持たない江戸っ子の誇り　3
「お楽しみ」があふれる百万都市

第一章　「大当たり！」江戸の宝くじ
人気過熱の富興行　17

（1）二日に一人が「億万長者」　18
高額当選金には、前後賞、組違い賞も／三百年前に御免富が誕生／三カ月で四十五カ所の富突興行／札屋が支えた富札の販売

（2）当選金の泣き笑い　28
立会人は寺社奉行所の役人／受け取れる当選金は七割だけ／夢と消えた弥次北の「当たり札」

（3）御免富の舞台裏　38
委託された興行プロモーターの記録／影富は一枚二十五円程度／御免富は全面禁止へ

## 第二章　「飲む・打つ・買う」の泣き笑い
歓楽街に咲いた、あだ花　47

(1) グルメブームの到来　48
大衆化と高級化の外食産業事情／素人向けの料理本も百花繚乱／茶漬け一杯が十数万円？／初物食いに走る江戸っ子／とんでもない大食い・大酒飲み大会／人気作家による料亭でのイベント・書画会

(2)「こんなものにまで？」バラエティーに富んだ賭け事の横行　62
さいころ賭博、かるた賭博の大流行／「おはなし、おはなし」という隠語の影富／賭博にも寛容だった遠山奉行

(3) 江戸四宿、深川、吉原――色街の激しい生存競争　70
巻き返しを図る吉原の営業戦略／岡場所が賑わった理由／浮世絵とのコラボで岡場所に勝つ

## 第三章　粋な男女で寄席と歌舞伎は大賑わい

寄席七百、芝居小屋二十　81
(1)寄席の激増と意外な客層　82
多彩な演目と女浄瑠璃の登場／入場料は十六文から、せいぜい四十文／寄席通いに耽る武士や女性も／幕府も期待した効果
(2)女性を夢中にさせたファッションリーダー　92
一日に千両落ちた場所／流行色、流行語の発信源／歌舞伎からはじまったキャラクター商品／江戸三座が営業不振に／宮地芝居の隆盛
(3)天保改革という受難　104
江戸三座の移転に反対した町奉行・遠山金四郎／強引な水野忠邦によって、猿若町が誕生／寄席の味方もした遠山の金さん／改革失敗で息を吹き返す
(4)江戸城内で能を楽しんだ町人たち　115

かつては秀吉も保護した芸能／城内に入れるチャンスだった町入能／「色男！」一日限りの無礼講

## 第四章　大奥も大喜び、江戸の祭り

将軍様も楽しんだ非日常空間　125

(1)神輿深川、山車神田、だだっ広いは山王様　126
江戸の三大祭り、そして天下祭とは？／将軍と女性たちが楽しんだ天下祭の原則／天下祭に秘められた幕府の本当の狙い／見物を禁じられた江戸詰藩士の秘策

(2)江戸の華・天下祭のスタイル　138
神輿・山車・附祭、ときには曲芸も／カネに窮して、妻や娘を芸者や遊女に？／特徴がすぐに分かる江戸型山車の誕生／ゾウも出てきた！ 附祭の大騒ぎ／幕府の規制も空文化させた天下祭の賑わい

（3）祭礼番附という名の台本とリハーサル　152
日記で分かる、取締掛名主と当番町の決定／「餅は餅屋」でプロデューサー請負い／業務用と販売用、二種類の祭礼番附／参加者の衣裳チェックと前日リハーサル

（4）祭礼当日の喧騒と江戸入城　162
禁断の江戸城内に入った祭礼行列／進行を遅延させた大名屋敷の武士と女性／いよいよ最後、お礼参りと収支決算


## 第五章　開帳という大規模イベントの裏表

成功と失敗の法則　169

（1）「出たとこ勝負」の御開帳　170
寺社修復は自力が原則だが／寺社を救う江戸出開帳の原則／会場の立地環境が決め手／浅草寺境内には、百六十九体もの神仏が集合！／天候不順と流行病には勝てない

（2）娯楽と話題作りに頼った集客戦略　186
開帳札というポスター／江戸の話題をさらった大パフォーマンス／持ちつ持たれつの歌舞伎と開帳／開帳の成否はイベント、見世物、霊宝次第
（3）大奥での出開帳　200
大奥に食い込もうとする寺社／護国寺と成田山に見る桂昌院の政治力／大奥に上がった身延山久遠寺の祖師像
（4）開帳の大スポンサーだった江戸の豪商　208
現在まで伝わる豪商三井家の御稲荷さん／スポンサーからの厳しい条件／ビロードの牛が登場／開帳の経費を立て替えた豪商住友家／豪商の顧客サービスに利用された開帳
あとがき　221
参考文献　223

作図／谷口正孝

# 第一章

# 「大当たり!」江戸の宝くじ

## 人気過熱の富興行

「一獲千金」が懸かった抽選会(萬々両札のつき留〈部分〉=日本銀行貨幣博物館所蔵)

## （1）二日に一人が「億万長者」

### 高額当選金には、前後賞、組違い賞も

江戸っ子が夢を託した娯楽イベントに、寺社が幕府の許可を得て主催した富突がある。なけなしの銭を集めて富札を買い、一攫千金を夢見た。

富突はまさしく江戸の宝くじであった。いや、今の宝くじよりも庶民はもっとのめり込んでいたかもしれない。

購入した紙の富札には、「子《ね》の八十八番」などの番号が付けられていた。当たり札を決める抽選会の際に、発売された番号の札（桐製）が箱に入れられ、その小穴から錐《きり》で突いて当たりを決める仕組みだった。

当たり札を突くシーンは時代劇で描かれることも多い。その後、当たり札をめぐって悲喜こもごものドラマが展開されるのがお決まりのパターンだ。富札の値段は後で詳述するが、今の価格にしてだいたい四千円から、高いものは一万円以上。

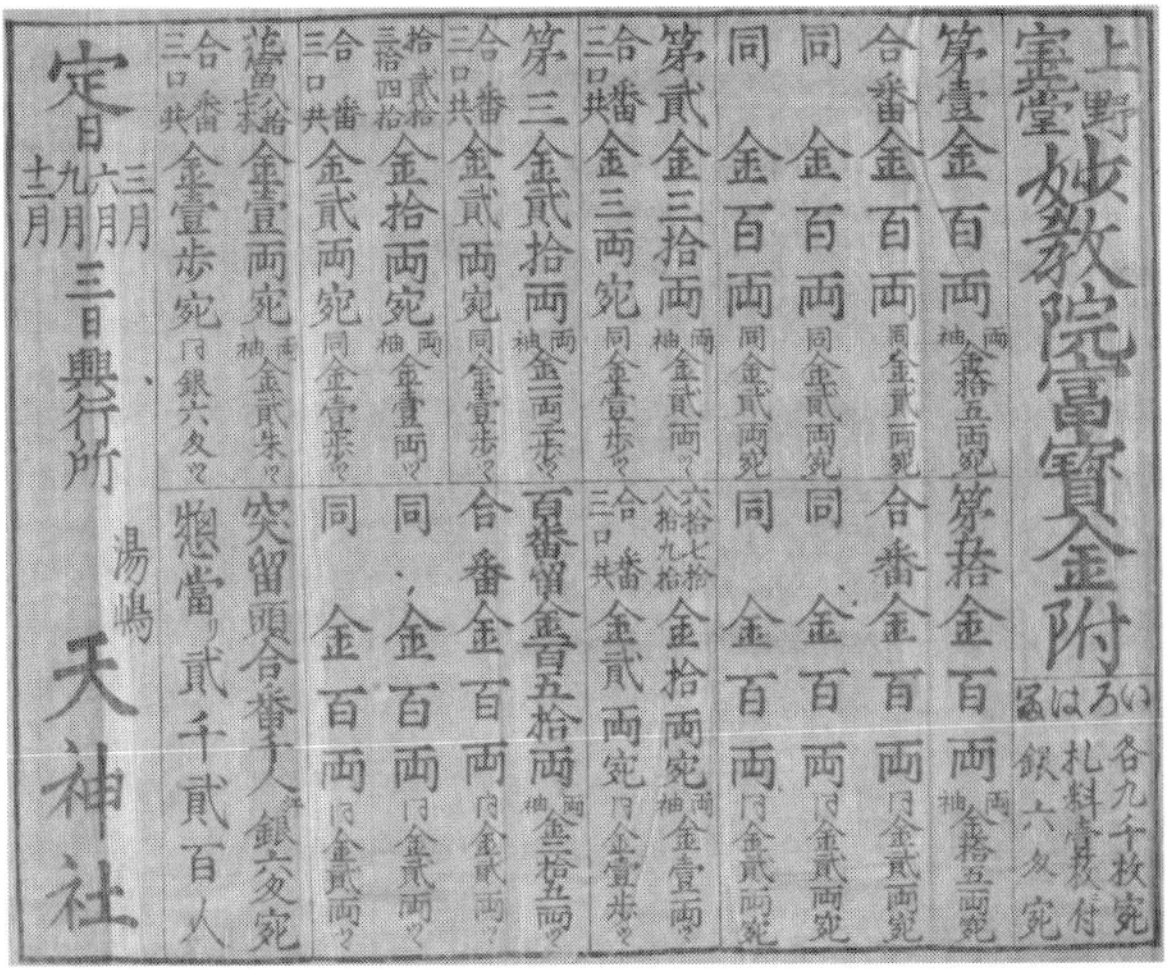
上野 寒臺 妙教院富寶金附
いろは
各九千枚宛
札料壹枚付
銀六匁宛
第壹金百両 両袖金拾五両宛
合番金百両 同金貳両宛
同 金百両 同金貳両宛
同 金百両 同金貳両宛
第貳金三拾両 両袖金貳両ツヽ
三口共 合番金三両宛 同金壹歩ツヽ
第三金貳拾両 両袖金壹両二歩ツヽ
三口共 合番金貳両宛 同金壹歩ツヽ
拾 貳拾 三拾 四拾 金拾両宛 両袖金壹両ツヽ
三口共 合番金貳両宛 同金壹歩ツヽ
金壹両宛 両袖金貳朱ツヽ
三口共 合番金壹歩宛 同銀六匁ツヽ
第拾金百両 両袖金拾五両宛
合番金百両 同金貳両宛
同 金百両 同金貳両宛
同 金百両 同金貳両宛
六拾 七拾 八拾 九拾 金拾両宛 両袖金壹両ツヽ
三口共 合番金貳両宛 同金壹歩ツヽ
百番留金壹百五拾両 両袖金拾五両ツヽ
合番金百両 同金貳両ツヽ
同 金百両 同金貳両ツヽ
同 金百両 同金貳両ツヽ
突留頭合番十人 銀六匁宛
惣當り貳千貳百人
定日 三月 六月 九月 十二月 廿三日興行所
湯嶋 天神社

湯島天神が主催した富突の当選金一覧表（「富札」＝国立国会図書館蔵）

当たりの最高額は通例「一の富」で、百両から千両まで結構幅があった。現在の貨幣価値に換算すれば一千万円以上である。運よく千両が当たれば当選者は億万長者ということになる。

一等賞の「一の富」、二等賞の「二の富」、三等賞の「三の富」などに加え、現代と同じく前後賞（「両袖《りょうそで》附《つき》」）や組違い賞（「合番《あいばん》」）、組違いの前後賞（「合番両袖」）まで設定することもあった。主催者はあれこれ知恵を絞り、購買意欲を高めようと目論んだ。

当たり札と当選金の関係はおおよそ次のとおりである。

錐で百回、当たり札を突くことになっ

ており、一番目～三番目、あるいは一番目～五番目に突いた札の当選金は高額であった。十番目ごとと、五十番目、百番目に突いた当たり札も高額である。特に「突留《つきどめ》」と称された百番目の当たり札は、一の富よりも高額なことが多かった。

それ以外の順番で突かれた札は「花」「平《ひら》」と称され、当選金は低かった。

そんな富突が、江戸の町だけで最盛期には二日に一度ぐらいの割合で行われた。いかに江戸っ子の間で人気があったかが分かるだろう。その盛衰と仕掛けの裏側を追っていく。（滝口正哉『江戸の社会と御免富』岩田書院。同『江戸の祭礼と寺社文化』同成社）

富突の興行で、どのくらいの金額が動いたのだろうか。

当選金を上回る金額が購入に使われたはずであるから、一回の富突で消費された全金額がゆうに千両を超えることも珍しくない。「一日千両落ちた」と称される芝居町や吉原に勝るとも劣らない数字だった。

そんなマーケットの大きさを反映するように、富突は様々なメディアで取り上げられた。とりわけ、庶民にとって身近な娯楽である落語の題材となることが多かった。

「御慶《ぎょけい》」というお題の落語は、湯島天神の富突で千両を当てた大工の八五郎を主人公にした滑稽話である。「宿屋の富」や「富久《とみきゅう》」なども有名だ。それだけ、江戸っ子には身近な「投資話」だった。

小説でも取り上げられている。のちに詳述するが、江戸のベストセラーとなった戯作者十返舎一九の『東海道中膝栗毛』にも富突の場面が登場する。

## 三百年前に御免富が誕生

富突を興行するには、幕府の許可が必要であった。そのため、富突は「御免富」とも呼ばれた。

幕府公認の興行なので、主催する寺社の名前、富突を行う場所や日時、富札の販売期間などの情報が、町奉行所から江戸の町に向けて布告された。そんな御免富の制度がスタートしたのは今から三百年ほど前、元禄十三年（一七〇〇）頃という。

そもそも富突のルーツは、摂津国箕面《みのお》の瀧安寺《りゅうあんじ》で正月に行われた宗教行事・富法会《とみほうえ》だとされる。この行事は希望者に牛王宝印《ごおうほういん》の護符を授けるものだったが、その抽選方法が実に変わっていた。

まず、各自の名前が書かれた木札を富箱と呼ばれた大きな箱に入れる。その後、寺僧が箱の上の穴から錐で札を突き、刺さった札に書かれていた名前の者が護符を授けられる仕組みだった。

この方式が、江戸時代に入ると畿内の寺社に広がる。授与されるものが御札から景品、そして金銭に変わっていく。

やがて、江戸でも宗教行事としての富突が行われるようになる。最古参は、谷中の感応寺や牛込の宝泉寺と言われるが、金銭が授与されるようになると、射幸心が煽られるのは避けられなかった。この富突がきっかけとなる形で、それをモデルとした博奕《ばくち》が流行してしまう。

したがって、幕府は元禄期（一六八八～一七〇四）に入ると富突に似た博奕を禁止し、寺社が富突を行うこと自体も禁じた。金銭を授与しては博奕同然とみなしたからだろう。ただし、宝泉寺と感応寺の富突は宗教行事とみなされ、差し止められることはなかった。

ところが先述のように、元禄十三年に幕府は御免富の制度を導入する。富突を許可制とすることで、他の寺社の参入を認めた。みずからの懐を痛めないでも済む巧妙な助成策を取ったのだ。

やがて将軍吉宗による享保改革がはじまり、幕府の財政難を背景として支出を大幅に切り詰める倹約政策が断行された。御免富の制度を導入することで、堂舎の修復費の負担から逃れようとしたのである。

こうして、富突は寺社整備の資金獲得を目的とする興行へと変質していく。寺社側にしても短期間に大金を集められる富突は魅力的だった。ただし、幕府も際限なく許可したわけではない。当初はその数も少なかった。

急増したのは、明和三年（一七六六）に芝神明宮《しんめいぐう》に対して富突を許可してからであった。質素倹約をテーマとした享保改革も終わり、射幸心を煽る興行を極力制限しようという意思が幕府内で弱くなっていたことが窺える。

その後、享保改革をモデルにして断行された寛政改革では、興行が再び制限されるようになる。御免富の数も減らされたが、寛政改革が終わって文化・文政期（一八〇四〜三〇）に入ると、状況が一変する。江戸の社会が爛熟《らんじゅく》を迎え、化政文化が花開いた時代であった。

## 三カ月で四十五カ所の富突興行

文化九年（一八一二）に、幕府が寛永寺からの強い働きかけを受けて、感応寺のほか湯島天神や目黒不動での富突興行を許可したことがきっかけとなり、御免富の対象は拡大されていく。

ちなみに、感応寺、湯島天神、目黒不動での興行は「江戸の三富」と呼ばれ、富突の代表格として喧伝された。興行も毎月行われている。

そして文政四年（一八二一）に至り、年間で寺社十カ所（感応寺は対象外）に富突を許可することが決まる。財政難を理由に、幕府にゆかりのある寺社が助成を執拗《しつよう》に求めてきたことが背景にあった。

幕府に修復費などの助成を求める寺社側の切羽詰まった事情は分かるものの、その願いを一々認めていては際限もない。幕府の財政も到底持たない。したがって、富突興行を認める対象を拡大することで、助成を求める寺社の数を減らそうとしたのだ。

御免富を許可された寺社の数は増加していくが、同八年（一八二五）には一気に四倍以上にも増える。年間十カ所から原則四十五カ所を上限として許可したのである（定数に含めない特別枠の寺社もあった）。

回数の増加に伴い、幕府は富突の間隔を調整している。短期間に集中してしまうと共倒れになるからである。

それまでは毎月の興行が通例だったが、四十五カ所まで増やしたことを機に、それぞれ三カ月に一回（年四回）の興行に改められる。一カ月につき寺社十五カ所に富突を認めれば、三カ月で四十五カ所というサイクルになる。

ただし、江戸の三富（感応寺、湯島天神、目黒不動）は引き続き毎月の興行が許された。そのほか、浅草寺と回向院《えこういん》が行った富突も毎月の興行が特別に許されている。

御免富は主催する寺社の境内で行われるとは限らなかった。後述の出開帳のように、他の寺社の境内を借りて興行することもあった。地方の寺社が江戸で興行したり、江戸の寺社が京都や大坂で興行する事例もある。なお、富突の会場は本堂や拝殿が使用されることが多かったが、別に小屋を建てる場合もみられた。

## 札屋が支えた富札の販売

一獲千金を夢見て富札を買った江戸っ子にとっては当選金もさることながら、富札一枚の値段が一番の関心事だったはずだ。いくら元手があれば億万長者になれるのか？

その値段にはかなりのばらつきがあった。

感応寺など江戸の三富の場合は一枚が金二朱というから、一両の八分の一（およそ一万

二千九十九番の札の持ち主は億万長者になれたか？（「富札」＝国立国会図書館蔵）

二千円）にあたる。庶民にはかなりの高額だった。他の寺社の場合はその半額の金一朱、さらに安い銀二匁五分（金一両＝銀六十匁と換算して一両の二十四分の一）という事例が多かった。現代の貨幣価値に換算すると、約四千円となるだろう。

現在、宝くじは一枚三百円が相場であるから、結構高額と言えよう。江戸っ子にとっては、どんなに奮発しても一枚買うのがせいぜいである。

そのため、数人から数十人で共同購入する事例も多かった。この購入方式は「割札《わりふだ》」と呼ばれた。

発行枚数は富札の価格と連動している。富札が高額ならば総枚数は三千～五千枚、低額ならば数万枚という計算になる。

富札は富突が行われる会場、つまり寺社の境内で購入するのが原則だが、実際は門前の茶屋などでも販売されている。江戸市中でも販売された。

場外売り場である販売所は「札屋」と呼ばれた。こうした販売方式は「中売《なかうり》」と称されたが、幕府はこれを認めない立場を取っていた。

中売方式の場合、札屋側は原価ではなく、手数料を上乗せして販売することになるため、そのぶん高額となる。しかし、幕府が許可を与えた興行である以上、高値での売買を見逃すわけにはいかなかった。後述するような「影富《かげとみ》」で使われた札が販売されているのではという懸念もあった。いずれにせよ、不正に目を光らせる幕府の立場からすると、販売所は限定されていた方が取り締まりやすい。

しかし、できるだけ多くの富札を売り捌《さば》きたい寺社側としては、境内での販売だけでは心もとない。実際、売れ残ってしまう。

だから、販売所は多ければ多いほど望ましかった。買う側からしても、その方が購入しやすい。

興行数が大幅に増えた文政期には、一つの町につき販売所が三、四カ所もあった。そうした販売網の広さが富突人気、そして興行を支えていた。

富突を成功させるには、札屋などの営業力は不可欠だった。赤字を出さないことはもちろん、黒字つまり利益を得るためにも、できるだけ富札を売り捌いておかなければならない。

よって、中売方式を認めない幕府の方針は骨抜きにされてしまうのである。

## （2）当選金の泣き笑い

### 立会人は寺社奉行所の役人

江戸や近郊の年中行事の解説書である『東都歳時記』に、「谷中天王寺富の図」のタイトルで富突当日を描いた挿絵が掲載されている（左図）。会場が黒山の人だかりとなっている様子がよく分かる。

太鼓が鳴って、いよいよ富突開始（東都歳時記「谷中天王寺富の図」＝国立国会図書館蔵）

幕府（寺社奉行）の許可を得た興行であるため、当日は検分の役人が寺社奉行所から出張してくる定めだった。

以下、天保六年（一八三五）九月十六日に芝愛宕《あたご》の本地堂で行われた富突の様子を紹介しよう。三河国額田郡明大寺村（現愛知県岡崎市）の龍海院が江戸で主催した御免富である。（「富札」『幸田成友著作集』第一巻）

当日の午前十時、寺社奉行所から検使《けんし》役の大検使と小検使、そして小頭《こがしら》、同心などの役人がやって来る。寺社奉行は譜代大名が任命される役職であり、その役人は藩士身分だった。見分の責任者である大検使と小検使が本地堂内の座敷に入ると、龍海院の役僧のほか、富突の会場を貸した本地堂の別当から挨拶を受けている。

富突がはじまる前、両検使は会場や富突に使われる富箱などの道具を入念にチェックすることになっていた。富箱の大きさは、長さ三尺四寸三分（一尺は約三十・三センチ）、横二尺一寸、深さ二尺、厚さ四分。木製の札を突く錐の長さは三尺七分で穂先は一分。

札は長さ一寸七分、横四分五厘、厚さ一分の大きさだったが、届け出どおりかどうかを見分している。一方、同心たちは境内を見回った。

そうこうするうちに、太鼓が鳴る。大般若経《だいはんにゃきょう》の読経がはじまる合図であった。

会場をお祓《はら》いすることで富突の場を敬虔《けいけん》な空間にしようという主催者側の意図が感じられる。この富突に不正はないとの意思が込められていたのだろう。

読経が終わると富突の運びとなり、両検使が会場に姿を表す。時は午後三時を過ぎていた。

図の下部に見える黒羽織姿の武士が検使だろう。富突を背後から監視する形であった。

寺社側で富突に関わる者たちは「富掛」と呼ばれた。龍海院の場合で見ると、錐で札を突く「突役」。当たりの番号を読む「読役」。番号を書き留める「書役」、札が入っている富箱を振る「富箱振」など、計九名が富掛を務めた。

図を見ると、突役は僧侶であることが分かる。富掛を務める者は、僧侶は別として裃《かみしも》を着用していた。

当たり札の番号はその都度、かん高い声で見物人に披露し、紙にも書いて張り出した。そのたびに、境内はどよめいた。

百番目の当たり札が決まると、検使は会場を引き揚げて座敷に戻り、龍海院の役僧と本地堂別当の挨拶を受けた。その見送りを受け、本地堂を去って行く。時は暮れ方になっていた。

富突の場面については、江戸後期の儒学者で随筆家でもあった寺門静軒《てらかどせいけん》も『江戸繁昌《はんじょう》記』（平凡社東洋文庫）で、およそ次のように紹介している。

拝殿の上に、富札を入れた箱を置く。階下には手すりを設け、みだりに人が入ってこられないようにしてある。次第に会場がざわつきはじめるなか、検使が会場に現れると警備が厳しくなる。

やがて会場に世話人が立ち並ぶ。箱を倒して底を叩いて確認し、木札を点検して箱に収める。その後、太鼓を打ち鳴らして富突の開始が告げられると、僧侶が大般若経を読経しはじめる。

そして、突役が一人出てきて、手に持った錐を箱の中に差し入れて突く。それまでの喧騒が急に止んで静寂となる。錐で刺した札を挙げて番号が読み上げられるまで、観客は自分の富札を手に固唾を呑み、胸を躍らせながら凝視する。その後、当たり札の番号が大声で読み上げられると、観衆はどっと沸いた。

## 受け取れる当選金は七割だけ

富突が終わると、いよいよ当たり札と当選金との引き換えである。再び、龍海院の事例を見ていこう。

当日は、当選金との引き換えはなかった。翌々日から次の富突がはじまるまでの間が引き換えの期間に指定された。龍海院の富突は三カ月に一度の興行であったため、お金を手に入れられる期間は約三カ月となる。それを過ぎれば当選無効となり、当たり札はただの紙切れとなってしまう。

当選金の引き換えは、午前八時から午後四時まで。当たり札を持参した者の姓名を証明する必要はなく、持参した当たり札の割り印などを入念にチェックした後に当選金が渡された。当選金が一両以上の場合は、その一割が龍海院への奉納という形で差し引かれたが、他の御免富の事例を見ると、差し引かれる割合はケース・バイ・ケースである。

いずれにせよ、当選金のすべての額は受け取れない仕組みになっていた。江戸後期の風俗史家である喜田川守貞は千両の富が当たっても、実際は七百両ほどしか手中にできなかったと指摘する。

突き止め千両を得る者より、その一分百金を修補の料と号して催主に止め、また百両を札屋に頒ち、その他諸費と号して四、五十両を除き、千両富その実を得る所、大略七百余金なり。（喜田川守貞『近世風俗志』一、岩波文庫）

千両のうち、一割の百両は主催者の寺社に修復料として奉納したという。富突の多くは修復費の捻出という理由で許可されたのだから、その趣旨に沿って一割を奉納させたのである。

札屋に百両渡す（頒ち）とは、次回の富突で発売される札を百両分購入することを意味しており、また百両が差し引かれた。さらに、諸費として四十〜五十両が差し引かれている。これは興行に関わる経費だろう。

諸々合わせると三百両近くが差し引かれる計算であり、千両が当たったとしても、実際に受け取れるのは結局七百両余にとどまった。他の当選金も同じような割合で差し引かれたはずである。

富突の全部の売り上げのうち何割が当選金に充てられたかは、よく分かっていない。

現代の宝くじの場合、総売り上げのうち経費や自治体の収益を合わせた約五十四％が手数料になっている。当選金は約四十五％に過ぎないのだが……。

## 夢と消えた弥次北の「当たり札」

十返舎一九が享和二年（一八〇二）から刊行を開始した『東海道中膝栗毛』は、東海道を西に向かった弥次郎兵衛と北（喜多）八が珍道中を繰り広げる物語だが、大坂に入った時、二人は思わぬ拾い物をする。その顚末《てんまつ》を紹介しよう。

大坂の中心部に位置する坐摩《いかすり》神社（現大阪市）では堂舎の再建費用を捻出するため、富突の興行を開催することになった。弥次北が大坂にやって来た時、奇遇にもその当日であった。

たまたま、弥次北の二人は富突が終わったばかりの坐摩神社から出てきた人混みに巻き込まれるが、弥次郎兵衛は足元に落ちていた富札を拾う。亥《い》の八十八番の札だった。落とすぐらいの札だから、どうせ外れだろうと思い、弥次郎兵衛は拾った札を捨ててしまう。北八はそれを拾ったが、歩いていくうちに、境内から出てきた人々の話から当たり札（一の富）が八十八番の札であることを知る。

その当選金額は百両。今の一千万円にもなろうか。まさに棚からぼた餅だった。

百両の当たり札を拾った弥次北は、翌日に今回の富突を主催した坐摩神社を訪れる。当

弥次北の二人、首尾よく女性のいる場所で豪遊できたのか？（「栗毛弥次馬」＝国立国会図書館蔵）

選金の百両を手に入れようとするが、二人に応対した「こう中」は同社の氏子で、富突の事務局を務めた者であった。

三方《さんぼう》に積んだ当選金の百両を渡すに際し、神社側は次のように要望している。

今回の富突は再建費を捻出するための興行であるから、百両のうち十両を寄進して欲しい。そのほか、世話人への手当として五両を頂戴したい。次回に富突で発売される富札を五両分購入して欲しい——。

当選金まるまるではなく、その二割が差し引かれる規定だったことが分かる。
合わせて二十両が差し引かれた結果、二人が実際に受け取れるのは八十両となる。ところが、弥次北は、たなボタの八十両を受け取れなかった。

こう中「ときにお願ひがござります。当社御覧のとをり大破につきまして、再建のため興行いたした富にござりますれば、おあたりなされたお方へは、どなたへもお願ひ申て、百両の内十両寄進におつき申てお貰ひ申ますさかい、あなた方もさやうなされて下さりませ」
弥次「ハイハイハイ」
こう中「まだ外にお願ひがござりますわいな。是もすべてさやうにいたします。金子五両せわやきどもへ御祝儀といたして、おもらひ申たうござります」
北八「ハイハイハイ」
こう中「まだひとつござりますわいな。今五両あと札をおかいなされて下さりませ」
弥次「ハイハイハイ」
こう中「さよなせ百両の内廿両引ましておわたし申ますさかい、それでよござりますかいな」

弥次「ハイハイハイ。どふなりとも宜しくなされてくださりませ」

こう中「さよなら、その札をこれへお出しなされ。引かへに金子をおわたし申ましよ」

（『東海道中膝栗毛』（下）、岩波クラシックス）

弥次北が八十両で納得したため、神社側が当たり札と当選金を引き替えようとしたところ、当たり札ではないことに気付く。当たり札は「子の八十八番」だが、二人が拾ったのは「亥の八十八番」の札だった。数字だけを見て、一の富が当たったと早とちりしてしまったのだ。

「ゐらいあほうな衆じゃわいの」と言われてしまい、弥次北はほうほうの体で神社を後にするという笑い話である。

## (3) 御免富の舞台裏

## 委託された興行プロモーターの記録

富突自体は少人数で対応できたかもしれないが、四、五千枚から数万枚の富札を売り捌くとなると、素人ではとても無理である。富突の場合、興行を成功させるには宣伝力に加え、営業力が不可欠であった。

一回の富突で千両をゆうに超える大金が動く以上、専門業者に委託してしまうのが安全で、利益も期待できると考えるのは自然なことだろう。地方の寺社に限らず、江戸の寺社が富突を興行する場合も業務委託の事例が少なくなかった。

以下、青山善光寺の御免富の事例から、そんな委託興行の裏側を覗いてみよう（鷹司誓玉「近世青山善光寺における富突興行」『仏教大学研究紀要』五七）。青山善光寺は全国各地に鎮座する善光寺の一つで、現在も東京メトロ半蔵門線表参道駅近くに建っている。

この善光寺が寺社奉行に御免富を願い出たのは、安永九年（一七八〇）のことであった。その際には寛永寺の添え状も提出しており、寛永寺の働きかけで興行を許可された湯島天神や目黒不動の先例に期待したのかもしれない。

二年後の天明二年（一七八二）に至って寺社奉行から富突の許可が下りるが、実際に興行が開始されたのは同八年（一七八八）に入ってからである。それだけ御免富を希望する寺社の数が多く、順番待ちとなっていたのだろう。

善光寺の場合は、天明八年八月から寛政五年（一七九三）八月までの五年間という期限付きでの御免富が認められた。それも毎月の興行だった。富突つまり抽選会は毎月二十六日と定められたが、会場は自院ではなく、隅田川近くに立つ浅草第六天神宮を選んでいる。

天明二年以後、善光寺は富突の準備に取り掛かったが、富突興行の経験がなかったため、諸々の事務を興行プロモーターに委託することを決める。どういう経緯で依頼したのかまでは分からないが、池之端仲町（現東京都台東区）に住む奥井三六という者に興行を委託している。富突の会場を浅草第六天神宮に決めたのも、そのアドバイスに従った形であった。

同四年（一七八四）三月二十三日付で、奥井は善光寺に宛てて請負証文を提出したが、その冒頭には、「善光寺は富突には不案内ゆえ興行に関する事務を委託された」という一節が盛り込まれている。

この証文によれば、奥井は二百七十五両を納入することで興行を請け負っていて、証文を入れる際には前金として百七十五両を納めている。残りの百両は富札の販売後に納入する約束だったが、それだけではない。

毎月二十六日の富突前日までに、上納金として月二十七両二分を納める契約でもあった。富札を売り捌くことで、請負金と上納金の合計金額は手に入ると見込んでいたことが分かる。

善光寺の場合、札の値段は一枚につき銀三匁七分五厘（約六千二百五十円）。販売枚数は六千枚。最高当選金は一の富の百両だったが、当たり札はなんと全部で五百枚もあった。前後賞のほか、二番違いの前後賞まで設定したからである。当たりの枚数を増やすことで、購入意欲を高めたい意図は明らかだ。だが、富札が売れ残ってしまう御免富は少なくなかった。

善光寺が主催する初回の富突は、天明八年（一七八八）八月二十六日に行われた。その年の五月から富札の販売は開始されたのだが、初回から売れ行きは良くなかった。当時は不景気だったことが足枷《かせ》になる。

そのため、富突前の八月九日になってから、毎月の興行ごとの上納金二十七両二分を二十五両に減額して欲しいと奥井は善光寺に嘆願する。十六日に至って希望どおり減額されたが、世間の景気も持ち直したことで富札が順調に売れるようになったため、翌年の寛政元年（一七八九）十月からは元の金額に戻された。

善光寺では上納金の減額は呑んだものの、請負金は減額しなかった。なぜならば、先の請負証文には次のような文面が盛り込まれていたからである。

「富札が売れ残っても、請負金の減額を申し立てることはしない。その納入が滞った場合などは請負の任務を解かれても異議は申し立てない。興行を請け負ったからには、それに掛かる費用は自分が一切負担する」

## 影富は一枚二十五円程度

奥井三六のような興行を請け負うプロモーターの存在なくして御免富は成り立たなかったが、たとえ専門業者に委託しても、富札は売れ残ることが多くなっていく。百万都市江戸であっても、さすがに二日に一度の割合の興行では、富突のマーケットが飽和状態に陥るのは避けられなかった。

もちろん、主催する寺社はただ指をくわえていたのではない。地方の寺社の場合は、何よりも集客力のある寺社境内での興行を志向した。興行成績が不振の場合は、次回は別の境内を選んだ。

会場としては、東海道や隅田川沿いといった交通量の多い場所に鎮座する寺社が選ばれた。なかでも浅草寺をはじめとする浅草の寺社は人気が高く、青山善光寺も自院ではなく浅草第六天神宮を会場に選んだことは既に述べた。

浅草寺が富突の会場として人気があったのは、浅草寺自体が毎月境内で富突を興行していたことも大きい。浅草寺主催の御免富の固定客が富札を買ってくれることを期待したのだろう。

善光寺のように当たり札を増やすだけでなく、富札の価格を引き下げて大量に発行する事例も多かったのだが、どの寺社も同じような対応を取る以上、競争はさらに激化する悪循環に陥るのが関の山だった。

富札が売れ残る要因としては大量発行に加えて、非合法の「影富」が横行したことも挙げられる。合法の御免富にとっては競争相手に他ならず、その存在自体が死活問題であった。

影富とは、江戸の三富（感応寺・湯島天神・目黒不動での御免富）に便乗した賭博行為である。その一の富の当たり番号を予想した賭け事であり、現在の宝くじで言うと、購入者が番号を自分で決められるロト6やナンバーズに似ている。

影富は江戸庶民の間でたいへん人気があった。十方庵敬順《じっぽうあんけいじゅん》は『遊歴雑記《ゆうれきざっき》』で、その理由と実態をおおよそ次のように述べている。

御免富の札が買い占められて高値で売買されたことで、富札は庶民には高嶺の花となった。だが、富札を買うことで高額の当選金を手に入れたいのは庶民も同じであり、そんな射幸心に目を付け、三富の一の富の番号を当てる影富が流行した。そのため、身代を潰すほど影富に注ぎ込む者が続出した。

それほどまでに庶民が影富に熱中したのは、わずか一〜二銭（二十五〜五十円）で札が買え、当たれば数倍から数十倍以上の当選金が労せずして得られたからである。射幸心を大いに刺激されたことで、身代を潰すまでにのめり込んでしまったのだ。御免富の場合でも、同様の事例があったことは想像するにたやすい。

## 御免富は全面禁止へ

御免富の乱立による富札の大量発行に加え、影富の人気の高さもあって、正規の富札は売れ残ることが多くなった。そのための打開策も、結局は過当競争を促進するものでしかなく、さらに状況を悪化させていく。そうしたなか、幕府は御免富の制度自体にメスを入れる。

もともと富突は射幸心を煽る興行の象徴であった。特に、御免富に便乗した影富では金遣いが荒くなり、身代を潰す者が続出していた。その点が幕府の忌諱《きき》に触れたのだろう。

幕末期の天保十三年（一八四二）三月六日、幕府は富突の全面禁止に踏み切る。

ここに、御免富の歴史はその幕を閉じた。主催する寺社にとっては由々しき事態である。天王寺（感応寺から改称）などは御免富の再興運動を粘り強く展開するが、願いが認められることはなかった。

天保十三年というと、まさに天保改革の真っ只中である。奢侈《しゃし》の取り締まりに力が入れられたこの改革では、娯楽・遊興の代表格である寄席と歌舞伎もそのターゲットとなるが、それはのちの章で詳しく述べる。

江戸庶民の間で高い人気を誇った富突の裏側を覗いてみた。幕府の許可を得た御免富に影富も加えれば、富札の購入に費やされた金額は莫大なものとなったはずだ。江戸っ子の射幸心は、消費経済の活性化に大きく貢献していたのである。
その後の影富の興亡については、次章でまた紹介しよう。

# 第二章

# 「飲む・打つ・買う」の泣き笑い

## 歓楽街に咲いた、あだ花

吉原の花魁（「浅草寺櫻奉納花盛ノ図〈部分〉」＝国立国会図書館蔵）

## （1）グルメブームの到来

### 大衆化と高級化の外食産業事情

俗に「飲む・打つ・買うが揃った道楽者」などと言う。のめり込んでしまえば身代も潰しかねない男性の「お楽しみ」だ。これは現代も江戸時代も同じだろう。

当時は泰平の世が続き、江戸っ子の間でも日々楽しく暮らしたいという欲求が強まっていく。となれば、「飲む・打つ・買う」に銭を注ぎ込むことが多くなるのは自然の成り行きというもの。

「飲む」、つまり飲酒には食が付随するのは言うまでもない。まずは泰平の世を象徴するような江戸の贅沢な飲食事情を紹介しよう。

歴史を振り返れば、江戸時代は外食産業が未曽有の発展を遂げた時代である。

新興都市の江戸は、一人住まいの男性が非常に多く、自炊だけに頼るのはおのずから限界があった。いきおい独身の男性を対象とした産業が発展する。その象徴こそ外食産業だった。

なかでも注文後にすぐ食べられる食品が重宝がられた。いわゆるファストフードである。蕎麦、寿司、天ぷら、鰻《うなぎ》が代表格だった。

明治維新の少し前、万延元年（一八六〇）の調査によれば、江戸には三千七百六十三軒もの蕎麦屋があった。ただ、これは常設店舗の数に過ぎず、時代劇にも登場する移動式屋台の蕎麦屋の数は含まれていない。それだけ、蕎麦は人気のあるファストフードだったが、この移動式屋台で調理したものを提供した蕎麦屋は「夜鷹蕎麦」と呼ばれた。

蕎麦人気を支えたのは何と言っても値段の安さである。よく知られているように、かけ蕎麦も盛り蕎麦も一杯十六文（約四百円）。他のファストフードにしても、軒並み安かった。握り寿司なら一つ四文か八文。天ぷらも四文であり、懐の寂しい江戸っ子にはなくてはならない食べ物となっていた。

屋台のほか、床店《とこみせ》や居酒屋で安価な食事や酒を手軽に楽しむ外食の習慣が庶民の間で根付く一方で、そんな大衆化路線とは対照的な高級化路線も進展する。料理茶屋を舞台に、商人など江戸の富裕層が飲食を楽しむ文化が育まれた。

茶屋は客が飲食や遊興を楽しむ店のことで、茶菓子や酒肴《しゅこう》を提供するのが「水茶屋」、調理した食べ物を提供するのが「煮売茶屋」、料理茶屋は専門の料理人による調理が売りの店である。茶屋や居酒屋が気軽に立ち寄れる店であったのに対し、料理茶屋となると高級感もあり、庶民には高嶺の花だった。

経済の繁栄を受けて食生活も豊かになるなか、明和・安永年間（一七六四〜八一）からは富裕層を顧客とする料理茶屋が続々と江戸に誕生する。その後、料理はもちろん、おもてなしに贅《ぜい》を尽くした高級料亭も生まれた。

高級料亭では建物、座敷、庭の造作にも趣向が凝らされており、より料理を楽しめる空間が作り出されていた。建物だけでなく、美しい仲居が評判の高級料亭も少なくなかった。

江戸の高級料亭としては、深川洲崎の升屋、日本橋室町の浮世小路の百川、深川の平《ひら》清《せい》・二軒茶屋、浅草山谷の八百善、向島の葛西太郎などが挙げられる。高級料亭が相撲番付のような形で紹介されてランキング争いを繰り広げるほど、大衆化路線に加えて高級化路線も江戸の食文化に根付いていた。

## 素人向けの料理本も百花繚乱

飲食に対する強い関心から、現代にも相通じるような食のブームも生まれる。それだけ、美味しい食べ物や飲み物への関心は高く、これらに関する情報の需要は大きかった。料理茶屋の番付が人気を得たのも同じ理由である。

それも単にグルメな情報だけではない。料理本が次々に出版された。出された料理を食べるだけでなく、自分で料理を作ることへの関心が高まっていたことが分かる。

江戸前期の段階では、料理本の読者は料理人に限定された。大名に仕える料理人がみずからの料理技法を後進に伝えることを目的とした本であり、専門書的な色合いが濃かった。

料理人による料理人のための料理本だったが、江戸中期以降になると、料理人以外でも楽しめる内容に変化していく。その皮切りとなったのが寛延元年（一七四八）刊行の『歌仙の組糸』であり、

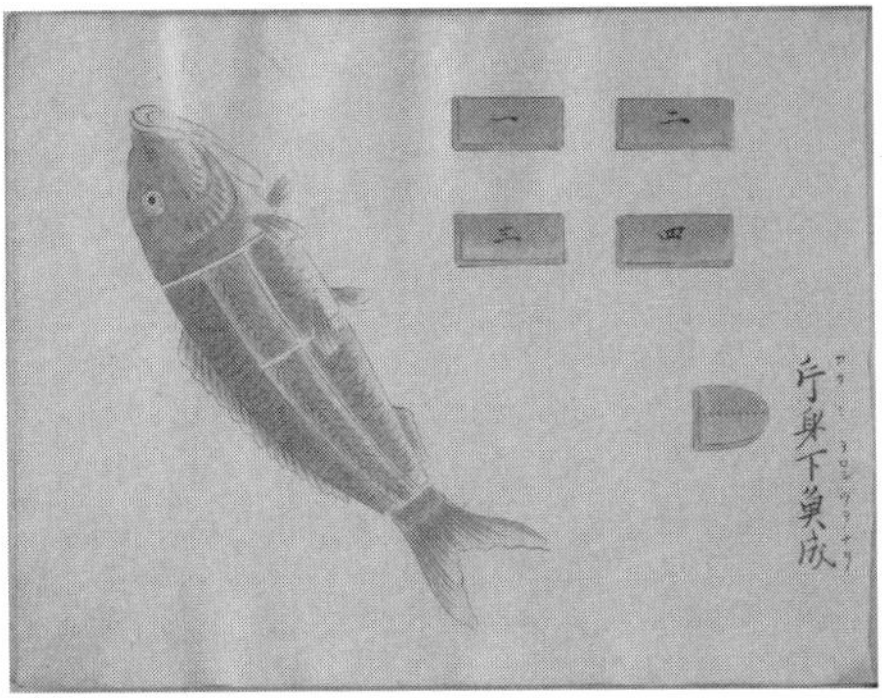

料理本の１ページ。簡単な片身の下ろし方（「料理故実図」＝国立国会図書館蔵）

二汁七菜の献立が三十六種類も紹介されている。

そして天明・寛政年間（一七八一〜一八〇一）に入ると、豆腐・大根・甘藷・卵といった日常的な食材を使った調理法を伝授する料理本が刊行されはじめる。料理人ではなく、素人でも調理できるように書かれていた。

なかでも、天明二年（一七八二）刊の『豆腐百珍』は大きな評判となる。百種類の豆腐料理を紹介した料理本であり、翌年には続編が刊行された。

寛政元年（一七八九）には『甘藷百珍』が刊行される。『蒟蒻《こんにゃく》百珍』『海鰻《はも》百珍』なども刊行され、それぞれ百種類の料理法を紹介する料理本が次々と登場していった。

『玉子百珍』を別名とする天明五年（一七八五）刊の『万宝《まんぼう》料理秘密箱』では、百三種類もの卵料理が紹介された。その多くは現在の薄焼き卵や、卵焼きをアレンジした卵料理だが、ゆで卵の黄身と白身を逆転させた「黄身返し玉子」といった珍妙な卵料理も取り上げられている。

## 茶漬け一杯が十数万円？

そしてついには、料理屋が料理本を出版するようになる。

文政五年（一八二二）から天保六年（一八三五）にかけて、高級料亭の代表格、八百善の主人であった栗山善四郎が『江戸流行料理通大全』を刊行したのである。八百善で出した料理の献立や料理法が紹介された料理本だったが、高名な文化人が挿絵や文章を寄せたことで話題を呼んだ。挿絵は画家の酒井抱一《ほういつ》、谷文晁《ぶんちょう》、鍬形蕙斎《くわがたけいさい》たち、文章は儒学者の亀田鵬《ほう》斎《さい》や戯作者の大田南畝《なんぽ》たち。同書の宣伝文は戯作者の柳亭《りゅうてい》種彦が担当した。

　八百善の料理については以下のエピソードが伝えられている。

　ある春の日に、二、

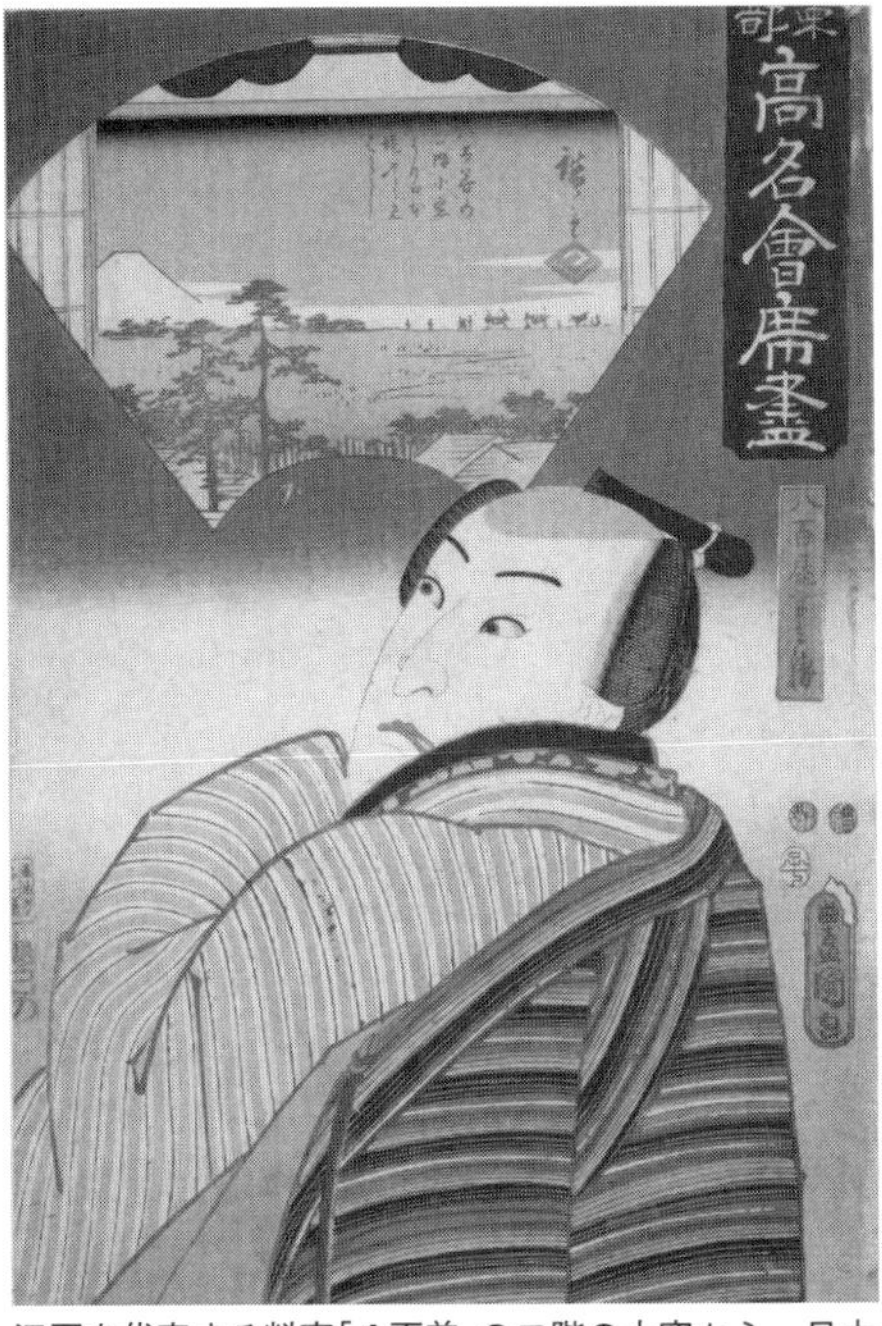

江戸を代表する料亭「八百善」の二階の小窓から、日本堤と富士を見る（「東都高名会席尽」＝国立国会図書館蔵）

三人連れで八百善にやって来た客が茶漬け飯を注文したところ、茶漬けが出てくるまで半日ほど待たされた。ようやく、香の物と土瓶に入った煎茶が出てきたが、香の物は春には珍しく、瓜と茄子《なす》の粕漬けを切り混ぜたものだった。

食べ終わって勘定を聞くと、なんと一両二分と請求してきた。現在の貨幣価値で言えば、茶漬け一杯で十数万円也となる。

驚いた客はあまりに高いとクレームをつけるが、八百善は次のように答えている。

煎茶に合う水が近くにないため、遠く離れた多摩川まで早飛脚を走らせて水を汲ませ、持ち帰らせた。その往復に要した飛脚の運賃が高額であったため、勘定が一両二分に跳ね上がってしまった——。八百善の説明が本当なら、贅沢にもほどがあるといったところだろう。（原田信男『江戸の料理と食生活』小学館）

## 初物食いに走る江戸っ子

いつの世も目新しいものを好む人は絶えない。なかでも江戸時代は初物の人気が非常に高かった。初物とは、その年に初めて出来た穀物・野菜・果実や魚などを指す。

初物を食べると「七十五日長生きする」とまで言われた。特に、鰹《かつお》や白魚などの魚類、もやし、ねぎ、独活《うど》などの白い野菜類の初物が愛好され、江戸っ子が競って買い求めた。そんな初物のシンボルである初鰹には、松尾芭蕉の友人・山口素堂《そどう》の有名な句がある。

目には青葉　山ほととぎす　初鰹

初鰹とは初夏にあたる旧暦四月（現在の五月ぐらい）の頃に初めて獲れた鰹のこと。人気の高さを反映するように値段は高かった。例えば、文化九年（一八一二）三月二十五日に日本橋魚市場に入荷した初鰹十七本のうち、六本は将軍に献上され、残り十一本は魚屋が八本、八百善が三本買っている。八百善は二両一分で買ったが、魚屋から分けてもらった歌舞伎役者の中村歌右衛門は三両で手に入れたという。念のため言っておけば、初物の時期を過ぎれば一本、二百～二百五十文ほどに過ぎない。

「初鰹だよ！」。いなせな魚売り（「守貞謾稿」＝国立国会図書館蔵）

そんな高値ではあったものの、構わずに買って食べるのが江戸っ子の心意気という風潮だった。よそ目には、「銭の刺身」を食べているように見えたが、値段が高くなければ初鰹ではないと見栄を張った。こんな川柳もある。

## 女房を質に入れても初鰹

もともと品薄な時期の食べ物の奪い合いであるから、いきおい値段は高騰した。しかし、幕府としては初物買いが起爆剤となる形で、物価一般が高騰する事態を危惧する。社会が動揺する恐れがあったからだ。

そこで、幕府は初物の売り出し規制に踏み切る。早くも寛文五年（一六六五）には、鰹・白魚・鮎《あゆ》・鮟鱇《あんこう》などの魚類、鴨《かも》・雉《きじ》などの鳥類、独活・土筆《つくし》・蕨《わらび》・筍《たけのこ》などの野菜類など、合計三十数種類の品目の売り出しの期日と期間を定めた。

しかし、同様の法令はその後も度々出されており、一片の法令だけでは効果がなかったことが窺える。むしろ、幕府が定めた期日よりも早く味わおうとする風潮が生まれ、逆効果になってしまったのが実態である。

需要がある以上、供給側はそれに応える形で早めに出荷する。高くても売れるのであるから、農作物を早く生育させるためには出費が増えることも厭わなかった。こうして、江戸近郊の農村では促成栽培が盛んになる。具体的には次のような方法が取られた。

油を塗ることで水分がはじかれる雨障子で囲いを作り、その内部で火を起こして暖めたのだ。現在のビニールハウスのようなものだった。

## とんでもない大食い・大酒飲み大会

現代でも目にする大食いを競う大会は豊かな食文化・食生活を反映したイベントに他ならない。享和~文化期（一八〇一~一八）には江戸の町でも「大食会」という名の大食い大会がブームとなり、世間の耳目を集めていた。

大食い大会だけではない。酒量を競う大酒呑み大会もあった。それだけ、江戸時代は食生活が豊かになっていた証しだろう。

イベントとはいえ勝負事であるから、飲食の量をチェックする行司が同席した。行司は記録係も兼ねていた。江戸っ子はもとより近在の農民や町人も参加したし、見物客もたいへん多かった。

これらの大会は、識者の関心も引き起こす。人気戯作者の曲亭（瀧澤）馬琴もその一人だった。

文化十四年（一八一七）三月二十三日に開催された「大酒大食の会」の様子を、馬琴は以下のように紹介している。会場は両国広小路に程近い柳橋の高級料亭万屋。酒組・菓子組・飯連・蕎麦組の四組に分かれ、大食ぶりや酒豪ぶりを競った。各組の成績結果を見てみよう。

酒組の参加者は四十人ほどで、桁外れの酒量が記録されている。

三升入りの盃で六杯半も呑んだ後、その場で倒れて眠り込んだが、目を覚ますと今度は水を十七杯も飲んだ鯉屋利兵衛（齢三十）。五升入りの丼鉢で一杯半呑んで帰宅の途に就いたが、痛飲の余り湯島聖堂の土手で倒れ、翌朝午前四時まで眠りこけた天堀屋七右衛門（齢七十三）の事例が書き留められている。

菓子組では、饅頭《まんじゅう》五十個、薄皮餅三十個、羊羹《ようかん》七棹《さお》を次々に平らげた上に、お茶を十九杯も呑んだ丸屋勘右衛門。飯連では、飯を五十四杯、唐辛子を五十八本も食べた和泉屋吉蔵。蕎麦組では、盛り蕎麦を六十三杯も平らげた者が紹介されている。（「兎園《とえん》小説」『日本随筆大成』八、吉川弘文館）

大食い大会の会場に選ばれるのは料亭が多かった。場所を提供した側からすると、江戸はおろか近在からも見物客がやって来るほどの人気イベントの会場となることには、大きなメリットがあったはずだ。店のPRに直結する。

残念ながら、馬琴が書き残したこのイベントの仕掛け人や開催の意図は分からない。だが、立会人という形で著名人が招かれることもあり、著名人が会場にやって来るとなれば、さらに話題を呼んだはずだ。イベントを注目させるための用意周到な仕掛けの一つだった。

文化十二年（一八一五）十月二十一日、日光街道千住宿の「中六」という茶屋を兼業する飛脚宿で、大酒呑み大会が開催される。後に「千住の酒合戦」と称されるイベントだが、会場には酒井抱一、谷文晁、大田南畝が審査員として招かれた。

高級料亭の八百善が刊行した、前述の『江戸流行料理通大全』に挿絵や文章を寄せた人々で、いずれも当代きっての江戸の文人である。南畝などは、この大酒呑み大会の観戦記を「後水鳥記《ごすいちょうき》」としてまとめている。

審査員に江戸の著名人を招いた甲斐もあって千住の酒合戦は大評判となるが、最も恩恵を受けたのは会場となった料理茶屋の中六だろう。江戸郊外の歓楽街としても賑わっていた千住宿も、その経済効果を大いに受けたはずである。

この酒合戦の仕掛け人や開催の意図も同じく分からないが、酒井抱一たち著名人を審査員として招くのに、ボランティアというわけにはいかない。何がしかの金銭を包んだはずだ。料理茶屋がPRを目的にして共催のような形で関与した可能性は高い。

料理茶屋に納品する酒屋などの業者も一枚嚙んでいたに違いない。取り扱っている酒などの商品を提供することで、同じくPRになることを期待したのだ。

大食い・大酒呑み大会の裏側を覗いてみると、会場となった料理茶屋や酒食を提供する飲食業者の笑いが止まらないといった姿が見え隠れする。

## 人気作家による料亭でのイベント・書画会

料亭が座敷を貸したイベントとしては書画会も挙げられる。書画会とは著名な絵師や書家などの文人墨客が客の前で即席で絵や書を描き、その場で展覧に供する催しだった。いわゆる席画である。そして、入場料を払って参加した観覧者のうち、希望者に書画が販売された。もちろん、サイン付きだろう。

『江戸繁昌記』によれば、開催日の数カ月前から会場の料亭に大きな看板を出して、当日揮毫《きごう》する画家や書家などの名前を宣伝し、集客をはかった。当日は座敷の数カ所に毛氈《もうせん》を

芸妓も登場、楽しい書画会（「江戸高名会亭尽・両国柳橋河内屋」歌川広重画＝国立国会図書館蔵）

敷いた台を設け、画家や書家がそこで揮毫した。客たちは料理や酒を楽しみながらその様子を見て、気に入った書画があると買い求めた。会場としては、柳橋の万八楼《まんぱちろう》と河内屋が知られている。

上の図は、歌川広重の浮世絵「江戸高名会亭尽　両国柳橋河内屋」である。河内屋の二階で開かれた書画会の様子を描いたもので、正面に見えるのは隅田川だ。

客のほか、芸妓《げいぎ》の姿も大きく描かれている。書画会は書画を楽しむ高尚な楽しみの場であったが、やがて酒肴が用意されて芸妓が酌をして回るようになっていたのだ。そのため、書画会なのか芸者会なのか分からないとの批判も浴びている。

大食い大会の様子を記録した曲亭馬琴も、天保七年（一八三六）八月に江戸の高級料亭として知られた柳橋の万八楼で書画会を開催している。馬琴は人気作家であったから、その書を求める馬琴ファンをターゲットにした企画だろう。

旗本の用人の家に生まれた馬琴は武士を捨てて作家活動に入った経歴の持ち主である。書画会を開催したのは、孫の太郎を御家人つまり武士にすることが目的だった。御家人の株さえ手に入れれば農民でも町人でも武士たる御家人になれたが、与力株の相場は千両、その下の同心の株でも二百両が相場であった。

馬琴は御持筒組《おもちづつぐみ》同心の空き株を取得し、孫に残そうと考えていた。同心株は与力株より低額とはいえ、二百両となれば大金だ。人気作家の馬琴でも簡単には用意できず、書画会で必要な資金を稼ごうと目論んだのだ。

さすが馬琴だけあって、当日は六百人にも及ぶ客が参会して大盛況となっている。

## （2）「こんなものにまで?!」バラエティーに富んだ賭け事の横行

## さいころ賭博、かるた賭博の大流行

「飲む」の次は、「打つ」となる。

一口に賭け事といっても、前章で取り上げた御免富のような幕府公認の合法的な賭け事もあったが、ここで取り上げるのは処罰対象とされた非合法な賭け事である。いわゆる博奕、賭博だ。

江戸時代は総じて賭け事が盛んだった。武士の間でも碁や将棋、双六《すごろく》といったゲームでの賭けは珍しくなかった。だが、幕府や藩はそれらでの賭けを厳禁する。勝負事ではトラブルが付き物だが、武士の場合は金銭を賭けることはもとより、刃傷《にんじょう》沙汰に発展するのを危惧したのだろう。

そもそも、幕府や藩は喧嘩《けんか》両成敗の方針のもと武士どうしのトラブルを抑え込むことに躍起であり、賭けの原因となるとして碁や将棋そのものまで禁止する事例までみられた。

しかし、禁止令は繰り返し出されており、禁令の効果がなかったことは明白である。賭博の禁令は有名無実化していたとはいえ、それは賭博犯を処罰しなかったことを意味したわけではない。

摘発した者は厳罰に処している。ケース・バイ・ケースではあったが、遠島や追放などの厳罰が科される事例は多かった。死罪という極刑も珍しくない。江戸初期にその傾向が強かった。しかし、いずれにせよ賭博を根絶することはできなかった。

庶民にとって身近な賭博とは、何と言っても賽子《さいころ》やかるたを使ったものである。

日本の賭博の源流は、双六に求められるという。双六には盤双六と絵双六の二種類があった。

盤双六は、二人が盤を隔てて対座し、賽子を振って出た目の数だけ盤上の駒を進めるもので、先に相手の陣に入った方を勝ちとするゲームだ。インドが発祥の地で、中国を経由して日本に伝来する。貴族など上流階級の遊びだった。

絵双六は、紙面に多くの区画を描き、数人が順番で賽子を振って出た目の数だけ進むゲームで、上がりに達した者が勝ちとなる。盤双六から派生した子ども向けの遊びであり、江戸時代に大衆化する。

頭を使う碁や将棋とは違い、賽子を使う双六は偶然性に左右された。この双六から賽子が独立する形で賽子の目の数を当てる、「さいころ賭博」が生まれた。

賽子一個を使う場合は「ちょぼいち」、二個は「丁半」、三個は「キツネ」あるいは「ヨイド」、四個は「チイッパ」、五個は「天災」と呼ばれた。

よく知られているのは二つの賽子の目の合計が偶数（丁）か奇数（半）かを予想する丁半だろう。壺振りと中盆《なかぼん》が向かい合って座り、中盆の指示のもと壺振りが賽子を壺笊《つぼざる》に入れて盆茣蓙《ぼんござ》の上に伏せ、参加者が丁か半に賭けた。「座頭市」などの時代劇でおなじみの博打である。

かるたを使った賭博は戦国時代にポルトガルから伝来した「天正カルタ」にはじまるが、南蛮渡りの物珍しさもあって人気を得る。江戸前期には天正カルタをもとに国産の「ウンスンカルタ」が考案された。そして江戸中期には「花札」が登場し、庶民にはたいへん身近なものとなる。

幕府や藩は賽子やかるたを使った賭博も繰り返し禁じたが、同じく有名無実化していた。

## 「おはなし、おはなし」という隠語の影富

幕府としては何であれ賭け事を公認することには二の足を踏んだ。だが、寺社主催の富突に限って御免富として御墨付きを与えたことは前章で見たとおりである。

もう一度、影富の話をしたい。

影富とは、もともと感応寺・湯島天神・目黒不動主催の御免富に便乗した賭博行為だった。前述のように、「一の富」の当たり番号を予想する方式で、江戸庶民の間でたいへんな人気を呼ぶ。

喜田川守貞は御免富で千両当たっても七百両しか手に入らなかったと指摘したわけだが、影富についても次のように証言する。

最初は富の出番云々と売り歩《ある》行きしが、これを停止せられて、後に於波奈志《おはなし》〳〵と、一の富ばかりを書き付けて売り駈けありくこと、市中縦横数十人なり。これは富の札を買ひたる者のためにあらず。第付とて一の富の出番を当て物して、裡店《うらだな》女房・酒屋下児まで掠《かす》め銭を一銭二せん賭して当て物す。一文は八文にして取る割合故、大欲の輩大金をもつて賭するもあり。（中略）会ごとに寺社御奉行所より検使来りて立合ふことなり。この検使の奴僕、地中門前などへ筵《むしろ》をしきて、富見物の者と博奕《ばくえき》をすること、幾席ともなく並ぶ。見徳《けんとく》売り、札売り、お咄《はな》しうり、札買見物の第付したる者、見物、そのほか群衆すること夥《おびただ》し。この盛りの時は、文政の末・天保の初めなり。（喜田川守貞『近世風俗志』三）

「第付」とも呼ばれた影富は、一、二銭単位の賭け金で数倍から数十倍の当選金が手に入った。庶民は、その手ごろさに惹かれたが、庶民だけではない。影富に大金を注ぎ込む裕福な者もいた。

影富を主催する者は江戸市中に大勢の人を走らせ、札を売り歩いた。もちろん、御免富を主催する寺社の公認を得ていない札であり、露見すれば幕府の処罰は免れない。当初は「富の出番」と言いながら影富の札を密売したが、処罰対象となる以上、幕府の目をくらます必要があった。

そこで、「おはなし、おはなし」という言葉を隠語として、札を販売するようになる。そのため、影富は「お咄しうり」と呼ばれた。「見徳売り」「札売り」という名称もあった。

注目されるのは、富突当日に検使のため会場に赴いた寺社奉行所役人の奉公人（「奴僕」）が門前などに筵を敷いて、富突の見物客を相手に「博奕」つまり影富をしていたことである。影富を取り締まる側が御免富の会場で影富を開帳していては、根絶させることなど到底無理だった。

喜田川守貞もその最盛期は文政末期から天保初期にかけてと指摘している。影富が便乗した御免富の制度が天保十三年（一八四二）に廃止されるのを、取り締まる側は待つしかなかった。

しかし、御免富と関係なく企画されていた「隠富」は続いた。隠富とは、参加者から集めた賭け金を元手とした、表沙汰にできない賭博のことである。当然、幕府や藩の許可を得ていない。影富と同じく御禁制とされたが、次のような方法により幕府や藩の目をくらましていた。

鎌倉時代からの金融システムに、頼母子講《たのもしこう》がある。無尽《むじん》講とも言う。

頼母子（無尽）講とは講への参加者たちが一定の掛け金を拠出し続けた上で、一定の期日ごとに抽選や入札を行って当選者が所定の金額を順次受け取る互助的な金融組合だった。全員が所定の金額を受け取るまで掛け金を拠出するルールだったが、この頼母子講のシステムが悪用されたのだ。

表向きは何々講という名目で参加者から掛け金を集め、それを元手に札を発行して抽選日に当選者と当選金を決めた。この頼母子講のシステムを隠れ蓑《みの》に、隠富と称された賭博は続いたのである。

## 賭博にも寛容だった遠山奉行

金銭が絡む賭け事は御法度であったものの、根絶させることはできなかった。というよりも、あまりに賭博が多過ぎた。幕府の取り締まりも手が回らず、いたちごっこに終始したのが実情だった。

江戸中期の儒学者蘆野東山《あしのとうざん》などは、博奕を知らない者は百人のうち十人いるかいないかと述べている。

『蘭学事始』などの著書で知られる蘭方医の杉田玄白は、天明七年（一七八七）刊の『後見草《のちみぐさ》』で、賭博が花盛りだった現状を次のように指摘する。

千住や浅草では一里（約四キロメートル）にもわたり、敷物を置いて、路上でさいころ賭博を開帳している。吉原遊郭近くでは昼も夜も賭博が行われ、そこには人品賤《いや》しからぬ者たちも交じっている。

現実は賭博解禁のような状況だったのだ。

それだけマーケットが広がっていれば、賭博を職業とする者が出てくるのは自然の勢いである。博徒の誕生だ。今で言う「反社会的勢力」である。

賭博にはトラブルが付き物であるから、博徒は護身用に刃物を携帯するのが習いとなる。幕府は社会の安定を乱す存在とみなして取り締まりをはかるが、賭博がなくならない以上、取り締まりもまた有名無実なものにならざるを得なかった。

その現状を踏まえ、取り締まる側の町奉行所は次のようなスタンスを取るに至る。弘化四年（一八四七）五月、江戸町奉行の遠山景元は同役の鍋島直孝と連名で老中に上申している。

風俗や賭博の取り締まりを厳しくすると、人々の気持ちが萎縮してしまう。その結果、金回りが悪くなって市中の景気は悪化し、人々の生活も苦しくなる――。つまり、むやみに賭博を取り締まることには消極的な考えだったのだ。厳しい取り締まりがかえって江戸の市政に悪影響を与えると懸念していたことが分かる。

ご禁制を守る立場ではあるものの、現実的に対応しようとする現場の考え方が読み取れる。（増川宏一『賭博の日本史』平凡社選書）

## （3）江戸四宿、深川、吉原――色街の激しい生存競争

## 巻き返しを図る吉原の営業戦略

賭博の場合と同じく、幕府は遊女商売についても御法度とするスタンスを取った。だが、例外が一つあった。吉原である。

江戸では吉原にのみ商売を認め、吉原以外での遊女商売は一切禁止したが、その原則は実際にはまったく守られていなかった。禁令の網をかいくぐった非合法な遊女たちの姿が江戸の各所でみられ、吉原の利権を大いに脅かした。

当然、吉原は生き残りを賭けた営業活動を展開していく。集客アップのために企画したイベントと言えば、春の花見、夏の玉菊燈籠《たまぎくどうろう》、秋の俄《にわか》が代表格である。その当日、吉原は大賑わいとなった。幕末に将軍の影武者役である御《お》徒《かち》を務めた御家人の山本政恒も次のように回顧している。

> 春は仲之町の両側へ桜を植付、青竹を以桜木の前後三尺程放し、四ツ目垣をなし、根締にぼけの花抔を植付、朱塗の八角行燈《あんどん》を六尺間位に建て飾る也。是を仲の桜と称す（中略）夏は様々の燈籠を店頭に点火し客を招く。秋の末には俄と唱へ、踊屋台を

出し、芸者・幇間《ほうかん》等の俄踊りを為す。是を吉原の俄といひて、吉原通ひをする者は勿論、堅気の者も婦人を連れ、吉原の景気を見物旁行者多し。（山本政恒『幕末下級武士の記録』時事通信社）

春の花見とは桜の花見のこと。しかし、もともと吉原にあった桜を見物したのではない。花見の時期が近づくと、植木屋が吉原のメインストリートである仲の町まで桜の木を運び込み、植え込んだのだ。桜の根元には、ぼけの花も植えられた。夜桜も楽しめるよう、行燈《あんどん》も六尺（約一・八メートル）間隔で飾られた。

夏は燈籠が店頭に飾られて火が灯された。このイベントは玉菊燈籠と呼ばれた。

かつて、吉原に玉菊という才色兼備を謳われた遊女がいたが、病のためこの世を去る。その年のお盆に、玉菊を贔屓《ひいき》にしていた引手茶屋は軒先に燈籠を吊るして追善供養した。これが評判を取ったことで、お盆の時節に玉菊燈籠と称して燈籠を飾ることが吉原の年中行事となる。

秋には仮装した芸者や幇間が踊ったり、芝居の真似事をしながら練り歩いたりする「俄」が行われた。祭りの時のように、車輪の付いた舞台である「踊屋台」も牽《ひ》きながら

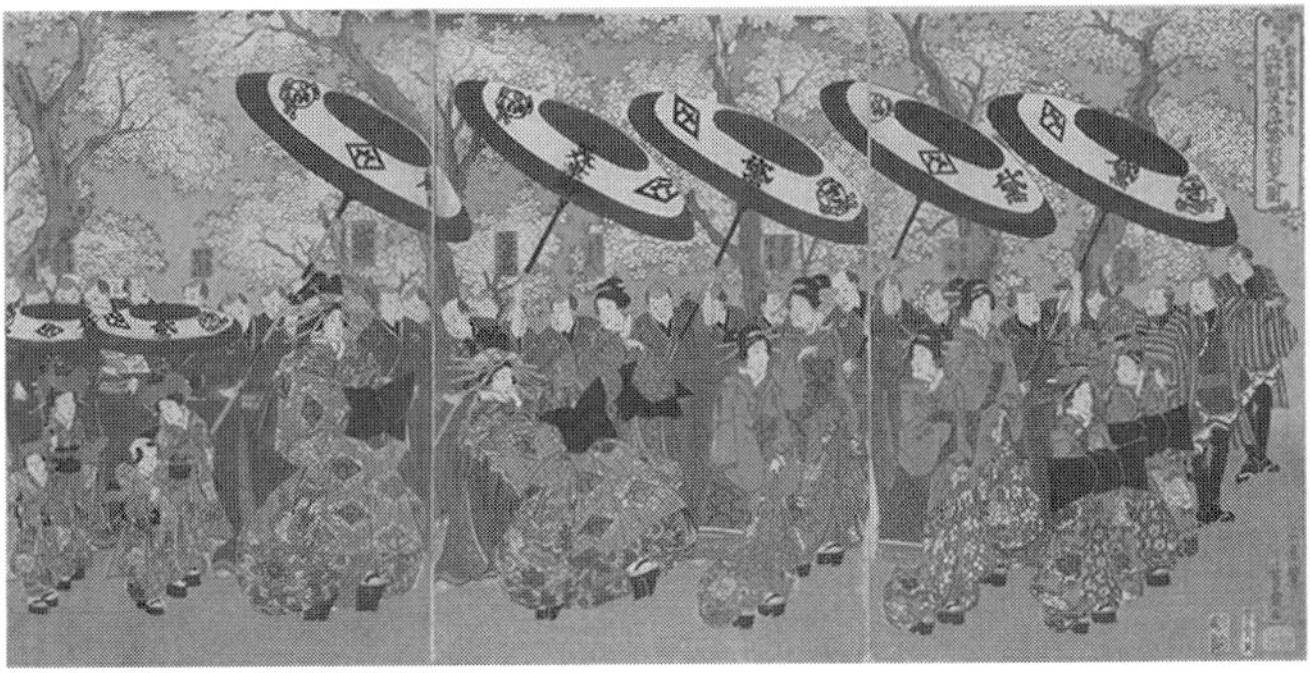

絢爛の極み、桜の下の吉原花魁道中（「江戸名所図会」＝国立国会図書館蔵）

吉原の町を回った。登楼が目的ではない「堅気」の男性も女性を連れ、吉原までその様子を見物にやって来るほどだった。

このような吉原オリジナルのイベント開催日は「紋《もん》日《び》」と呼ばれ、その日の遊女の揚げ代は通常の二倍とされた。揚げ代だけでなく、「台の物」と呼ばれた料理や祝儀の代金も二倍となっていた。

人出が多くなる繁忙期であることを見込んだ強気の料金設定である。イベント開催に要した投資も回収しなければならない。だが、遊女屋側には料金を倍増しても客足は落ちないという読みがあった。

吉原の方から出張する形で登楼を誘うこともあった。その舞台は吉原にほど近い浅草寺である。

享保十八年（一七三三）に浅草寺境内を会場として行われた「御成跡開帳」の際、吉原の遊女は本堂裏に千本桜を寄進している。満開の枝々に自分の名前を記した札を下げ、あるいは自作の詩歌を書いた短冊を吊ることで参詣客の登楼を誘った。

開帳場には信徒や商人の奉納物が所狭しと陳列され、参詣者をターゲットとする宣伝の場と化していた。文政十年（一八二七）の本尊開帳時には吉原の遊女屋や抱えの遊女からの奉納物が数多く並んだ。登楼を期待する吉原の営業活動に他ならなかった。「開帳」は第五章で詳述するが、寺社による秘仏などの公開（期間限定）のことである。

## 岡場所が賑わった理由

吉原は、様々な集客策と並行して、競争相手を抑え込むことにも力を入れる。吉原以外で遊女商売は営めなかったはずだが、寺社の門前や江戸四宿（千住、板橋、内藤新宿、品川）などでは半ば公然と遊女商売が行われていた。

料理茶屋や水茶屋・煮売茶屋、あるいは旅籠《はたご》屋の看板を掲げつつ、給仕する女性を遊女として働かせていたのである。このような非合法な遊女商売が行われた場所を人々は、岡場所と呼んだ。

地域別で見ると、隅田川東岸にあたる深川が特に多かった。深川には永代寺という巨大な寺院があったことも後押しした。その門前や周辺には「深川七場所」と称された岡場所もあった。

幕府公認の吉原の遊女が「公娼」と呼ばれたのに対し、非公認だった岡場所の遊女は

妖艶な岡場所の女性たち（「岡場所錦絵」＝国立国会図書館蔵）

「隠遊女」、「私娼」などと呼ばれた。遊客にとり、岡場所の魅力とは何と言っても揚げ代の安さに尽きるだろう。

吉原の場合は遊女にもランクがあり、中級ランクの「座敷持」と呼ばれた遊女の揚げ代は金一両の半分にあたる金二分であった。一方、深川の岡場所での揚げ代は一両の五分の一にあたる銀十二匁が相場で、吉原の半額以下だった。

その上、吉原と違って「台の物」と呼ばれた料理を別に頼む必要はなく、芸者・幇間に祝儀を払う必要もなかった。吉原で遊ぶよりもはるかに安くて済み、引手茶屋を通すなどの面倒な手続きも不要だった。

江戸市中の各所に散在していたことも大きい。わざわざ江戸郊外の吉原まで出向かずとも、近くの岡場所に通えばよかった。

こうして、岡場所はたいへん繁昌する。

門前に岡場所があるのは好ましくなかったが、当の寺社は見て見ぬふりをしていた。岡場所が境内の賑わいを増したことに加え、遊女屋という裏の顔を持つ料理茶屋などから多額の冥加金《みょうが》が納められていたからである。

そんな裏事情があったとは言え、寺社の境内や門前で遊女商売が横行したことは江戸市中の風紀を乱すものであり、町奉行所も看過できなかった。遊女商売の独占を許された吉原にしてみれば、岡場所の存在自体が営業妨害であり、町奉行所に取り締まりを強く求める。だが、寺社の門前や境内は寺社奉行の支配地であるため、町奉行所の役人は直接踏み込めず、取り締まりは徹底さを欠いた。賭博と同じく、あまりに遊女商売が多過ぎて取り締まりの手が回らなかったとも言える。

江戸四宿で遊女商売がなぜ横行したか。その根本的な理由は幕府が旅籠屋に飯盛女《めしもり》を置くのを認めたことにある。飯盛女の仕事は表向き宿泊客に御飯を盛ることだが、裏では遊女として働くのを幕府は黙認していた。

## 浮世絵とのコラボで岡場所に勝つ

吉原が力を入れたのは、イベントだけではなかった。メディア戦略も展開している。吉原に関する情報を冊子や浮世絵を通じて発信することで集客アップを目指したが、宣伝戦で蔦屋《つたや》重三郎《じゅうざぶろう》が果たした役割は実に大きかった。

重三郎は寛延三年（一七五〇）に吉原で生まれた。実父は丸山重助という人物である。ただし、職業などは分からない。七歳の時に蔦屋という商家の養子となり、蔦屋重三郎と

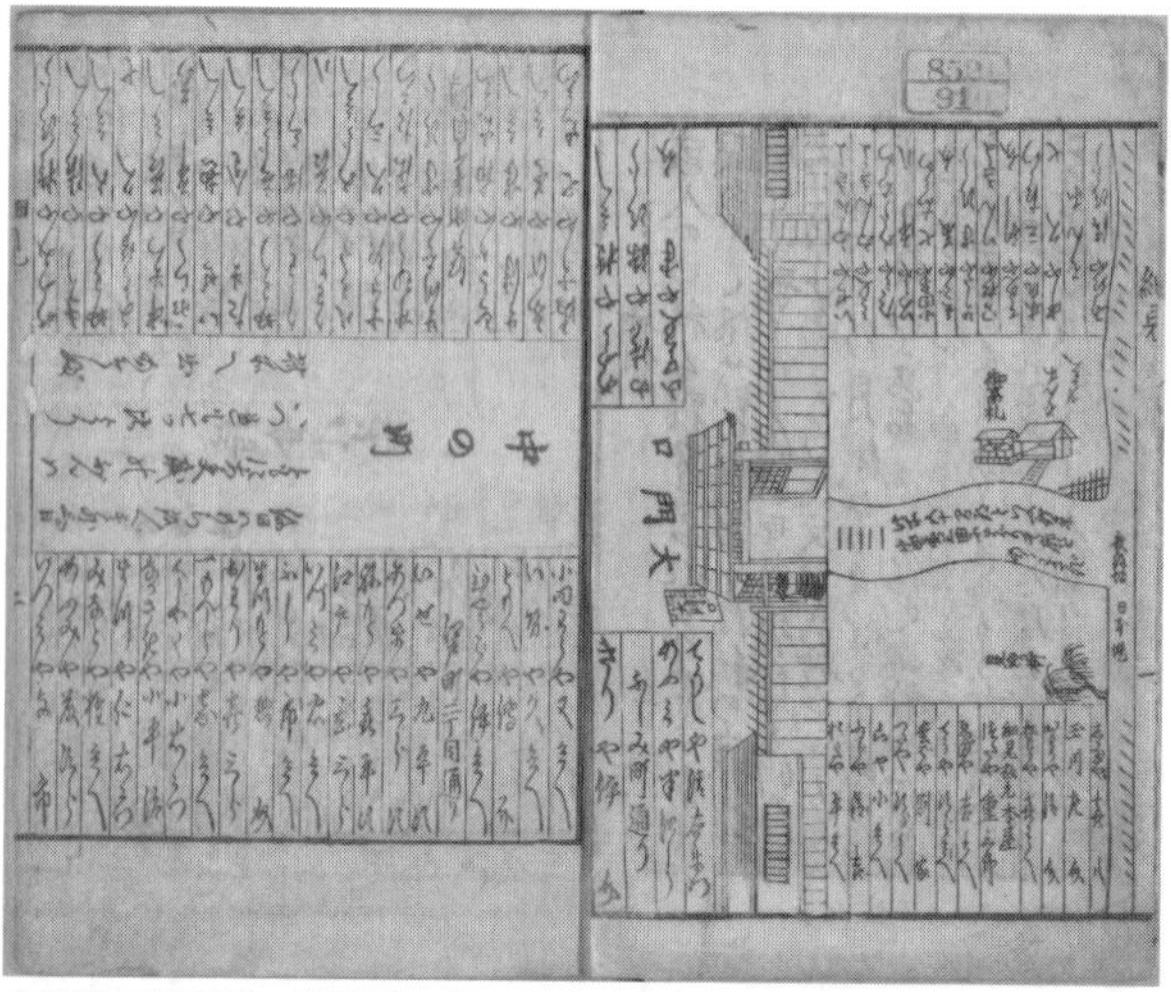

出版界の風雲児・蔦屋重三郎の「吉原案内本」（「吉原細見」＝国立国会図書館蔵）

いう名前が誕生する。蔦屋は吉原で茶屋を営んでいたようだ。

重三郎がメディア界に登場するのは、安永二年（一七七三）のことである。吉原大門口の五十間道で書店を開業し、鱗形屋《うろこがたや》という版元が発行する「吉原細見」の販売を開始した。鱗形屋は黄表紙や草双紙《くさぞうし》などの大衆書を取り扱う老舗の版元だった。

毎年刊行された吉原細見には、遊女屋や遊女の源氏名、その揚げ代、吉原で商売をする者の名前が各町ごとに書き込まれていた。遊客が知りたい情報が盛りだくさんのガイドブックとして、吉原で遊ぶのには欠かせない冊子であった。

安永四年（一七七五）、重三郎はみずから吉原細見の出版を開始する際に、一工夫を施す。単に遊女屋の名前を列挙するだけでなく、仲の町を中心に上下に分けることで遊女屋の並びが一目で分かるようにした。こうして、重三郎が刊行した細見は人気を呼ぶ。

天明三年（一七八三）には重三郎が吉原細見の出版を独占するまでに至る。同じ年、蔦屋は一流どころの版元が店を構える日本橋の通油町《とおりあぶらまち》に進出し、名実ともにトップクラスの版元となった。

出版メディア界の風雲児として躍り出た重三郎は戯作本にも手を広げる。例えば、人気作家の朋誠堂喜三二《ほうせいどうきさんじ》を作者とする版本を出版したが、その際には人気絵師の北尾重政や勝川春章たちに挿絵を描かせることで売り上げを伸ばしている。吉原は江戸の文人たちが交流する社交場でもあり、吉原生まれの重三郎が彼らと知り合いになるのは難しいことではなかった。

重三郎の出版事業は一枚刷りの浮世絵にも及んだ。浮世絵師喜多川歌麿の創作活動をバックアップし、美人画の分野での名声を不朽のものとする。

歌麿が得意とした美人画は、盛り場の水茶屋で給仕をする若い女性のほか、遊女もモデルになっていた。人気浮世絵師の歌麿に描かれれば江戸の話題をさらい、その遊女を擁する遊女屋の営業成績もアップしたはずだ。

歌麿が描いた遊女は、玉屋や扇屋など吉原の代表的な遊女屋に所属していることが多かった。その主人がスポンサーとなって製作費などを負担し、蔦屋を通じて歌麿に描いてもらったのだろう。

重三郎が世に出した浮世絵師には、役者絵で知られた東洲斎写楽もいる。歌舞伎役者を描いた写楽の役者絵は芝居人気との相乗効果で江戸の話題となり、芝居の集客力もアップした。歌麿の場合と同じく、芝居の興行主からの要請を受けて写楽に役者絵を描かせたこともあったに違いない。

浮世絵などの錦絵の価格は、一枚二十四文が相場だった。かけ蕎麦一杯の値段より少し高いぐらいだから、江戸庶民でも手軽に入手できた。要するに、それだけ大量に摺《す》られた。

吉原細見に加え、浮世絵という大衆メディアの力を借りることで吉原は集客アップをはかったが、これは非合法の岡場所ではできない芸当だった。メディアを活用することで、熾烈な競争を勝ち抜こうとしたのである。

# 第三章

# 粋な男女で寄席と歌舞伎は大賑わい

## 寄席七百、芝居小屋二十

林家正蔵・作の落語出版物から（「落噺笑富林」〈部分〉＝国立国会図書館蔵）

## (1) 寄席の激増と意外な客層

### 多彩な演目と女浄瑠璃の登場

江戸っ子が日常的に楽しめた芸能と言えば寄席と歌舞伎(芝居)が双璧である。寄席に至っては、江戸の町だけで最盛期には七百軒にも達した。

入場料が安かった寄席が大衆的な娯楽とすれば、歌舞伎は庶民には高嶺の花であり、富裕層向けの娯楽だった。

まずは寄席の方から見ていこう。

主な演目は落語、講談、浄瑠璃、浪花節、手品、音曲といった大衆芸能だった。江戸の社会風俗をリアルタイムで批評した著作『世事見聞録』には、寄席の演目として軍書の講釈、影芝居、影画、八人芸、手妻《てづま》、おとし咄を挙げている。

軍書の講釈とは、『太平記』など合戦記の講釈(講談)。影芝居は銅鑼《どら》や拍子木などの鳴り物入りで役者の声色を使う芸。影画は人物や鳥獣を模した形を灯火で照らし、障子など

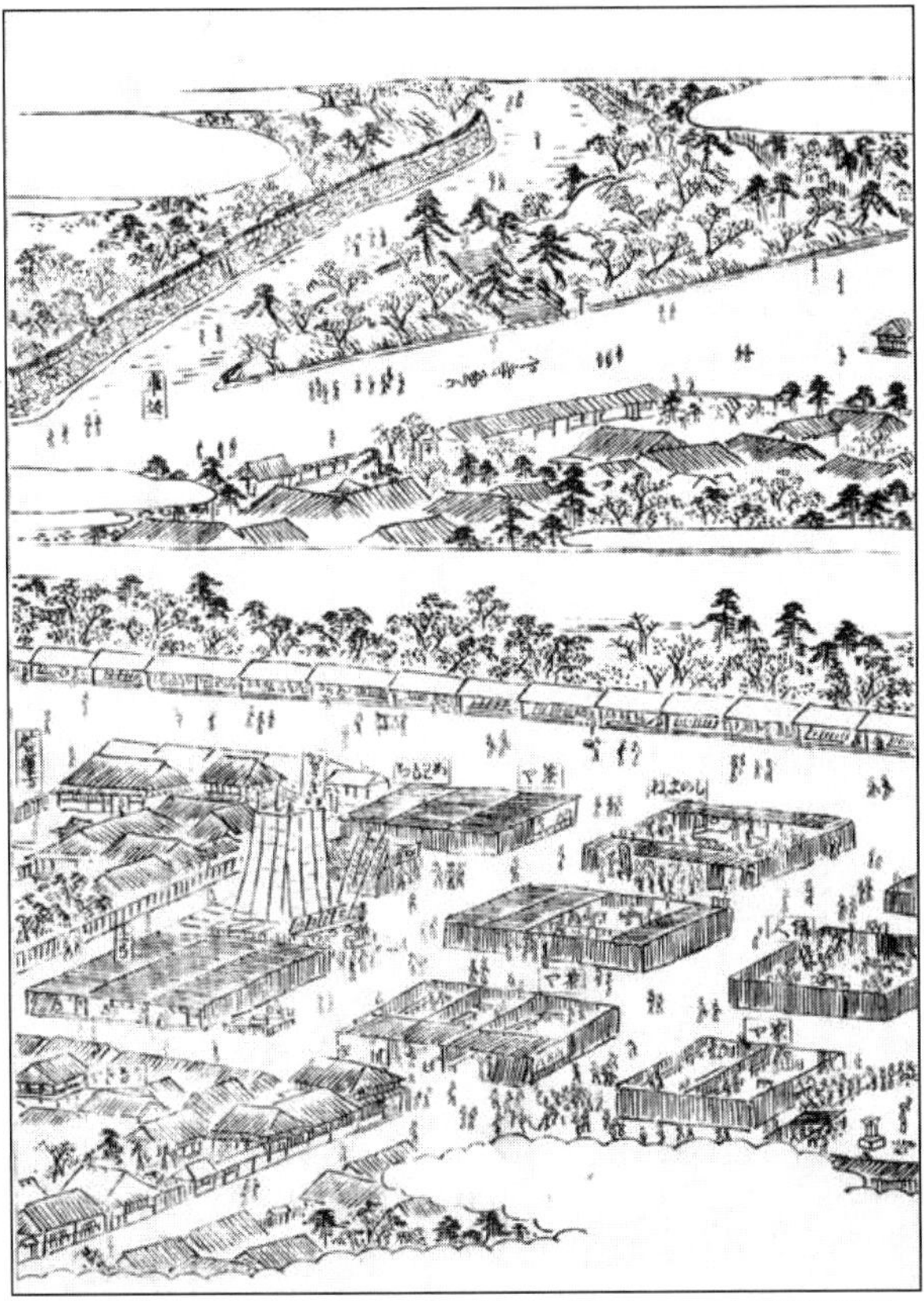

「お楽しみ」にあふれる上野広小路（「山下」〈部分〉＝国立国会図書館蔵）

に影を映し出す芸。八人芸は声帯模写。手妻は手品。おとし咄は落語だ。

そのほか、物真似や浄瑠璃・小唄などの音曲を伴う芸も演目にあった。三味線、太鼓といった鳴り物を交えた賑やかな演芸が繰り広げられ、江戸っ子の目も耳も楽しませた。現代の寄席に勝るとも劣らないバラエティーに富む演目が興行されていたのである。

江戸の町の寄席の数が正確に分かるのは、十一代将軍徳川家斉の治世下の文化・文政期（一八〇四～三〇）に入ってからである。江戸の社会が爛熟を迎え、化政文化が花開いた頃にあたる。

文化十二年（一八一五）が七十五軒。十数年後の文政末期に百二十軒。天保十二年（一八四一）には倍近くの二百三十三軒（うち二十一軒は寺社境内の寄席）に増えた。天保改革直後の弘化二年（一八四五）が最盛期で、七百カ所を超える常設の寄席が江戸の町では営業していた。

一軒のキャパシティーは数十人レベルだったが、現在の東京の常設寄席が上野の鈴本演芸場、新宿の末広亭、浅草演芸ホール、池袋演芸場だけであることを考えると、いかに人気があったかが分かる。寄席は江戸っ子の生活になくてはならない娯楽の場だった。

『江戸名所図会』には、江戸有数の歓楽街だった上野広小路を描いた挿絵が掲載されている（八十三頁の図）。よく見ると、この挿絵の中央部に「講尺」、「ものまね」という表示があるのだが、これが講釈などが楽しめる寄席であった。

寄席に出演した演者は男性とは限らなかった。浄瑠璃や小唄を披露する粋な女性演者も少なくなかった。というよりも、寄席で浄瑠璃を披露する若い女性演者を目当てに足繁く通う男性が多く、その人気は非常に高かった。ついには「女浄瑠璃」という部門まで誕生する。女性の浄瑠璃語りを指す「娘義太夫」は、さしずめ今の人気アイドルであろう。あまりの過熱ぶりに、幕府からは風紀を乱すものとして目を付けられることになる。

## 入場料は十六文から、せいぜい四十文

七百軒にも達した寄席は、江戸の町のどこで営業したのか。

寛政期（一七八九～一八〇一）から天保期（一八三〇～四四）の社会風俗の変化が記録されている『寛天見聞記』によれば、文化・文政期に先立つ寛政期に常設の会場はなかった。江戸三座（中村座・市村座・森田座）の芝居小屋で興行される歌舞伎が休演中に、芝居茶屋の二階、あるいは町内の家屋の広い空き部屋を五～六日間だけ借りて臨時の会場としていた。

芝居茶屋とは、芝居小屋で歌舞伎を見物した客が飲食を楽しむ茶屋のことである。休演中は利用客が少なかったため、座敷を興行場として貸したのだ。

天保期に入ると状況が一変する。

一つの町で常設の寄席会場が二〜三カ所も置かれる事例が出てくる。目印の看板や行燈を掲げ、日々興行するようになる。

ただし、常設会場と言っても、表通りの家屋ではない。町内の奥まった場所にある家屋の二階部分が会場に当てられることが多かった。

寄席の経営者は現在でも席亭と呼ばれるが、寛政の頃まで昼間は本来の家業に従事し、夜だけ寄席を興行するのが通例だった。鳶頭《とびがしら》が席亭を兼ねる場合が多く、寄席経営はサイドビジネスになっていた。鳶頭とは平時は町内の土木・建築工事を差配し、いざ火事となると火消人足を率いて消防にあたった者のことである。

ところが、天保期になると、寄席経営を本業とする者が登場する。家業などしなくても、寄席だけでやっていけるようになる。それだけで生活が成り立つほど、観客が増えたからだ。

肝心の入場料はどれほどだったのか。

出演する芸人や演目により当然異なるが、銭十六文から二十八文が相場である。かけ蕎麦一杯十六文の代金を少し上回るぐらいであり、懐の寂しい江戸庶民でも手軽に楽しめる娯楽だったことが確認できる。

実際には下足札代（四文）や座布団代・煙草盆代（各四文）を別に払うことになるが、それでも四十文ほどである。江戸三座の芝居小屋で歌舞伎を見物するとなると、桟敷席では最低一両二分掛かってしまう。一両が公定相場の四千文とすると六千文であるから、寄席の入場料は歌舞伎の百五十分の一の計算となる。なお、寄席では中入りに茶菓子や籤《くじ》が売られた。

寄席は今と同じように昼の席と夜の席に分かれていた。昼の席は午後一時から四時まで。夜の席は午後七時から十時までで、三時間の興行だった。（延広真治「江戸の寄席」『日本の古典芸能』九）

昼夜二部制も可能なほど、寄席はほとんど「満員御礼」だったのだ。

## 寄席通いに耽る武士や女性も

次は寄席の客層を見ていこう。江戸庶民だけでなく、意外なことに武士も寄席に通っていた。

天保改革の時代に、江戸の町にあった寄席のほとんどは営業禁止の憂き目に遭うが、取り締まりにあたった町奉行所に残された記録（「市中取締類集」）には、江戸屋敷詰の藩士たちが寄席好きだったことが書き留められている。

寄席の客層というと江戸庶民のイメージがどうしても強いが、江戸屋敷詰めの藩士たちも寄席の愛好者であった。彼らの多くは参勤交代で藩主の御供をして国元から江戸に出府し、一年間、江戸屋敷で共同生活を送った。しかし、屋敷外に出ることは厳しく制限されていた。

とは言っても、国元では到底味わえない娯楽に満ちあふれる江戸の町に住んでいる以上、それを楽しみたいのは人情だ。祭り見物や芝居、そして肩の凝らない寄席もそんな楽しみの一つである。ただし、午後六時の門限があり、夜は外出できないから昼の席に通った。

寄席通いに耽った地方出身者としては、裁判（公事《くじ》）のため江戸で長逗留を余儀なくされた農民たちもいた。江戸には係争を幕府に判定してもらおうと訴えを起こした地方の農民が大勢滞在していた。彼らは「公事宿」で寝起きした。

裁判に時間が掛かるのは江戸時代も今と同じで、ストレスが溜まっていくのは避けられない。息抜きのため寄席通いに耽る者も珍しくなかったが、入場料が安かったので助かったことだろう。

町奉行所の記録によれば、夜の席には商家の奉公人、裏店住まいの町人やその妻子が毎晩のように通った。昼間の仕事の疲れを、寄席で癒やそうとしたのである。

江戸っ子が自分の家で夜をどう過ごしていたかはよく分かっていない。照明用に使う蠟《ろう》燭《そく》や油がもったいないので、夜は早く寝てしまったという文脈で語られやすいが、寄席通いで夜を楽しむ江戸っ子が多かった様子が窺える。もちろん、仕事のない日は昼の席にも通っただろう。

当時は満足な照明器具がないので、夜道は暗く、危険であった。遠くまで出掛けることは難しい。行動範囲は限定されたが、町内の範囲ならば夜道でも通える。そうした環境もプラスに働き、町内の寄席は夜の席も賑わった。テレビや映画を楽しむ感覚だったと言えようか。

寄席には女性の客も多かった。江戸の普通の女性が、どんな娯楽を楽しんでいたかもよく分からないが、町奉行所の記録からは寄席で日々のストレスを晴らす姿が見えてくる。

先出の『寛天見聞記』には、寄席は女子の心を惑わすことのみを狙っているという意味の一節がある。女性をターゲットとする戦略を取っていたことが分かる。

もちろん、心を惑わされたのは女性だけではない。娘義太夫に熱を上げるあまり、商家の奉公人のなかには身を持ち崩してしまう者もいた。いくら入場料が安いとは言え、毎晩散財しては有り金を使い果たすのは時間の問題だった。

となれば、お金を借りて寄席に通うことになる。借金が溜まって首が回らなくなり、どうにもならなくなるという結末が待っていた。

商家の主人も奉公人の寄席通いを止めようとするが、娯楽を楽しみたい彼らの欲求は抑え切れず、苦慮した。それだけ魅力ある娯楽として、寄席は人々の間にしっかりと根付いていたのである。

## 幕府も期待した効果

江戸の治安を預かる町奉行所では、大工や左官などの職人、魚や野菜を行商する棒手振《ぼてふり》、商家の奉公人、日雇い稼ぎの者たちについて次のように見ていた。

芝居町や吉原で遊興できるほどの身上ではない。日々稼いだ僅かな金の余りを、おのおの好きなことに使っている。具体的に言えば、家族の扶養に使った後は、何よりもまず酒食と遊興で消費した。それが楽しみで、日々仕事に精を出している――。

冒頭で取り上げた、宵越しの銭は持たぬという言葉どおり、日々の稼ぎはその日のうちに使ってしまう。町奉行所もその辺りの機微を看破していたことは実に興味深い。

個々が寄席通いに投じた金は少額でも、総額で見れば大きな経済効果を生んだことは想像に難くない。

寄席の効果は経済面にとどまらない。町奉行所では次のような見方も持っていた。

寄席とは江戸っ子にとり、かけがえのない慰労の場である。日々の仕事の疲れを癒やす場となっており、それが楽しみで仕事をしているのだ。だからこそ、悪事に手を染めることもない――。現代風に言えば「パンとサーカス」である。そこそこ食べられて、面白そうな娯楽があれば、人々の不満は抑えられる。

このように防犯面からも寄席を評価していた。ストレス発散の役割を果たしていると見たのである。

寄席は江戸の消費経済だけでなく社会の安定にも寄与する娯楽として、江戸の社会に根付いていた。

## （2）女性を夢中にさせたファッションリーダー

### 一日に千両落ちた場所

庶民には高嶺の花だった歌舞伎を取り上げよう。江戸の町の繁栄ぶりを示すこんな言葉がある。

「一日に千両落ちた場所が江戸には三つある。朝に日本橋魚市場、昼に日本橋や木挽町《こびきちょう》の芝居町、夜に遊廓吉原」

それぞれ、毎日千両ずつ落ちたというのだ。現代で言えば、億単位もの巨額な金が消費された場所、となる。

だが、さすがに芝居の興行だけでは千両も落ちない。芝居町には芝居小屋のほか、芝居茶屋をはじめとする飲食店があった。飲食だけでなく、操《あやつ》り芝居つまり人形浄瑠璃の小屋、見世物小屋、あるいは矢場などの遊興場も軒を並べていた。芝居町とは芝居小屋を核とした歓楽街、一大アミューズメントパークであり、芝居小屋以外での消費も含め、「一日千両」と称されたのだ。

江戸初期は女性も芝居の舞台に登場したが、幕府の禁令により歌舞伎役者は男性だけとなる。よって、江戸も今も歌舞伎ファンは女性が圧倒的だが、先に取り上げた『世事見聞録』では「歌舞妓芝居の事」の章を設けて、歌舞伎役者に熱を上げる江戸の女性たちを次のように活写した。


歌舞伎役者はとりわけ婦人や女子からの人気が高い。男性は女性の好みにひきずられて、歌舞伎に熱中した。女性が嫌いな男性と芝居が嫌いな女性などおらず、一度芝居を見た女性は三度の食事より観劇を優先する。特に若い女性は芝居を見に行けば親や夫のことなど忘れて夢中になり、役者の髪型やファッションを真似した。

## 流行色、流行語の発信源

このように、歌舞伎役者はファッションリーダーとして、江戸の女性の間でカリスマ的な人気を誇っていたが、具体的に見てみよう。

例えば、二代目瀬川菊之丞（俳号が路考《ろこう》）が好んだ青みを帯びた黄茶色は路考茶。初代尾上《おのえ》梅幸《ばいこう》が好んだ灰味の淡萌黄色《うすもえぎ》は梅幸茶と呼ばれ、女性たちが争うようにこの色で染められた着物を着用した。舞台衣装の染色が世間の流行を呼び起こしていた。

衣装のデザインにしても同じだ。三升形《みますがた》は市川團十郎家の定紋（三升）のデザインとしてブランド化した。

歌舞伎が流行の発信源であったため、世間の流行を芝居に取り入れるのではなく、世間が芝居の真似をするようになっていると『世事見聞録』でも指摘している。立派なことや華やかなことについては「芝居を見たような」、人を賞賛する時は「役者の誰かを見たような」と、何でも芝居にたとえるのが世の習いだった。

役者が舞台で使った言い回しが、世間で流行語になることも珍しくない。歌舞伎の舞台がテレビやラジオ、今ならネットに相当するメディアとして影響力を誇っていたからでもある。

しかし、江戸の社会風俗の秩序を乱しかねないとして、幕府当局の忌諱に触れることも度々だった。天保の改革の折に、江戸歌舞伎の代表格の市川團十郎が華美な生活に耽《ふけ》っているとして江戸追放処分を受けた事件などは、政治介入を招くほど、歌舞伎が江戸の社会に大きな影響力を持ったことを証明する出来事であった。

大入り満員、大盛況の中村座（「三芝居之図」〈部分〉＝国立国会図書館蔵）

## 歌舞伎からはじまったキャラクター商品

歌舞伎役者が現在のインフルエンサーのような存在であったことで、その影響力にあやかった数々のビジネスも生まれた。タレントショップのさきがけのような事例も登場している。

役者たちの間では「油見世《あぶらみせ》」の名で化粧品店を出すのが流行した。鬢《びん》付け油や白粉《おしろい》などの化粧品を販売したのである。五代将軍綱吉の時代に中村数馬が日本橋北宝町に出店したのが最初と伝えられる。特に宝暦期（一七五一～六四）から、役者による化粧品店の経営が盛んになった。

女性たちが贔屓《ひいき》の役者の商品を競って買ったため、店はたいへん繁昌する。舞台が休みの時は役者が店に顔を出すことで売り上げもアップした。二代目市川門之助の化粧品店などは芝居のセリフに取り上げられることで、まさしく舞台がＣＭの場となっていた。

こうした事例は枚挙にいとまがなく、物売りの長セリフも流行した。「外郎《ういろう》売り」「ところてん売り」「枕売り」「ひや水売り」「煙草売り」「飴売り」などであり、舞台のセリフでそれぞれの商品を宣伝した。

白粉では「仙女香」の宣伝が多方面にわたっていた。三代目瀬川菊之丞の俳名「仙女」を商品名にした白粉だが、芝居でのセリフのみならず、小説や浮世絵にも取り上げられている。人情本や草双紙にも広告が入れられた。仙女香は大々的な宣伝力により売り上げを伸ばしたため、

「何にでもよく面を出す仙女香」

という川柳も詠まれたほどである。

役者の名前をもじった商品も数多く売られた。

團十郎煎餅《せんべい》は、市川團十郎の名にちなんだもの。表には三升、裏には舞鶴の紋を入れた直径約二十センチの丸型煎餅で、一枚十文で売られた。「團十郎もぐさ」も人気商品であり、舞台でもぐさ売りの役を演じることで、團十郎自身が宣伝に一役買った。念のため、「もぐさ」はお灸《きゅう》に使われる。

役者の顔を使った商品も数多く売られた。浮世絵のうち役者をモデルにしたものは「役者絵」と呼ばれ、人気商品であった。団扇《うちわ》のデザインに取り上げられたものは「団扇画」と呼ばれ、役者絵とともに人気キャラクター商品の一つとなる。

こうした歌舞伎グッズはその役者の人気を当て込んで商品化されたもので、役者自身が

製作や販売に直接関与したものはほとんどなかった。その販売許可を与え、一定の利益を得たのである。(田口章子『江戸時代の歌舞伎役者』雄山閣)

### 江戸三座が営業不振に

江戸の消費経済や流行文化を牽引した歌舞伎は、二つに分けられる。

大芝居と宮地(小)芝居の二つである。

大芝居とは江戸三座(中村座・市村座・森田座)での興行を指す。幕府から常設小屋での興行を許された芝居で、中村座と市村座の小屋は、それぞれ現在の日本橋にあたる堺町と葺屋町《ふきやちょう》、森田座の小屋は銀座にあたる木挽町《こびきちょう》に置かれた。

この三座に加えて山村座の小屋が木挽町にあった。しかし、正徳四年(一七一四)の絵《え》島生島《しまいくしま》事件により、山村座が御取り潰しとなったことで、江戸四座から江戸三座となり、明治を迎える。絵島生島事件とは、大奥で権勢を振るった御年寄・絵島と歌舞伎役者・生島新五郎のスキャンダルとして世を騒がせた事件であった。

芝居の興行時間は午前六時から午後五時までが原則で、昼興行だけだった。観客席には桟敷席と「切落とし」の二つがあった。切落としとは土間の追い込み席のことで、桟敷席に比べれば入場料は安かった。桟敷席の客は芝居茶屋の案内で、切落としの客は木戸から個々に入場する仕組みになっていた。

桟敷で見物するとなると、前述のように最低一両二分は掛かったわけだが、入場料金だけではそんなにしない。芝居茶屋での飲食代が大きかった。

桟敷席での見物は芝居茶屋を通して予約するシステムになっていた。当日はまず、茶屋の二階座敷に上がって湯茶の接待を受ける。幕開きを予告する拍子木の音が聞こえて来ると福草履《ぞうり》を履き、若い衆の案内で桟敷まで案内される。芝居が終わって夜になると、茶屋に戻って贔屓の役者や芸者を招き、賑やかに酒宴を催すのが暗黙のルールであった。

入場料のほか飲食代や心づけも掛かる結果、最低一両二分は必要になるわけだ。現代の貨幣価値に換算すれば十万円を下らない。江戸庶民にとり桟敷席での芝居見物は夢のまた夢だった。

しかし、寛政期に入ると、三座は興行不振に陥る。次の文化・文政期以降は、経営難により休座となることも珍しくなかった。度重なる小屋の火災で修復費が嵩《かさ》んだことと、役者の給金の高騰などが原因だった。

芝居小屋の経営者である座元は入場料を値上げし、そして切落としを減らして桟敷席を増席することで興行収入のアップをはかるが、その方法では観客動員は減少せざるを得ない。さらなる経営難の要因となった。また、三座よりも入場料が安い宮地芝居に観客が流れたことも痛手だった。

## 宮地芝居の隆盛

宮地芝居は、浅草寺や神田明神などの寺社の境内地や、江戸有数の盛り場の両国広小路で興行された芝居のことである。その小屋は常設を許されず、興行が終了すれば取り払われるのが原則だった。「晴天百日間」を限って興行が許可されたため百日芝居とも呼ばれたが、興行願いを続けて提出することで、実際のところは常設の状態になっていた。

宮地芝居の興行地は計二十数カ所に及んだ。前出の絵島生島事件の折に宮地芝居はいったん禁止されたが、その後復活して、大芝居を凌ぐ隆盛を見せる。

なかでも、湯島天神・芝神明宮・市谷八幡宮での芝居は「宮地三座」と呼ばれるほどの人気を誇った。ちなみに、明治になって上演された歌舞伎の演目『神明恵和合《かみのめぐみわ》取組《ごうのとりくみ》』（「め組の喧嘩」）は、文化二年（一八〇五）に芝神明宮境内の芝居小屋で起きた力士と町火消人足の喧嘩をモデルにしている。

宮地芝居の入場料はよく分からないが、三座の切落としよりも安かった。その差が開くと三座の観客動員はさらに減ることになるが、宮地芝居さえも見物できない観客はどこに流れたのか。

寄席の落語に流れていったのだ。歌舞伎調のセリフを入れ、身振りや鳴り物などを芝居どおりにして聞かせる芝居噺というジャンルが落語にはあり、これをもって芝居見物に代えたのである。

江戸や近郊に広がる観光名所の紀行文である『遊歴雑記』(『江戸叢書』巻之六、江戸叢書刊行会)には、著者の十方庵敬順が市谷八幡宮で芝居を見物した時の記録が収められている。市谷八幡宮は、拝殿の右下に芝居小屋、その左横には茶屋があり、境内が芝居町と化していた。

敬順は次のような感想を書き残した。

三座の役者に劣らないレベルの芸を披露する役者もいる。迫《せり》出しなどの舞台装置も三座のそれと変わらない。

宮地芝居のレベルの高さについては、いみじくも三座に出演する役者が認めている。湯島天神境内の芝居小屋に出演する乙蔵は江戸っ子の間で人気のある役者だったが、尾上梅幸たち大芝居に出演する役者たちがその芸を秘かに見物したことがあった。芝居が跳ねた後、梅幸たちは芝居茶屋で酒宴を開いたが、その席に乙蔵を招いて盃を交わす。両者の格から言って、とても考えられない振る舞いだった。

三座と宮地芝居の格差は大きかった。宮地芝居の役者は三座の檜舞台を踏むことはできないとまでされていた。

そのため、梅幸は三座の役者から非難を浴びるが、次のように返したエピソードがある。

三座の役者も宮地芝居の役者も芸道という点では変わらない。芸の上手さを褒めたり、見物することを憚《はばか》る必要があろうかと返した。（「真佐喜のかつら」『未刊随筆百種』第八巻、中央公論社）

歌舞伎界の大物が認めるほど、宮地芝居のレベルが向上していたことがよく分かるエピソードだ。

三座の観客が減る一方、対照的に宮地芝居の観客は増えていった。見物料の安さだけが理由ではない。役者の芸のレベルアップと、大芝居に劣らない舞台装置といった要因も見逃せない。

ついには、宮地芝居が三座の経営を脅かすほどの人気を得るようになる。危機感を強めた三座の座元は、宮地芝居の興行停止を幕府に求めたほどだった。（守屋毅『近世芸能興行史の研究』弘文堂）

しかし、歌舞伎界全体としてみれば、宮地芝居の隆盛が歌舞伎ファンの裾野を広げたことは間違いない。その分、江戸の消費経済も活性化させたはずだ。先述のように三座があった芝居町では一日に千両落ちると称されたが、宮地芝居の興行地でも相当の金が落ちたのだ。

芝居興行が消費経済を活性化させたのは、江戸だけではなかった。景気浮揚の切り札とした事例が地方の城下町などで数多くみられた（氏家幹人『江戸の少年』平凡社ライブラリー）。その裏では、芝居の誘致合戦が激しく繰り広げられていたのである。

## （3）天保改革という受難

### 江戸三座の移転に反対した町奉行・遠山金四郎

江戸の町では寄席と宮地芝居に象徴される歌舞伎が隆盛を見せたが、天保十二年（一八四一）五月、一転して冬の時代に入る。時の十二代将軍家慶の厚い信任のもと、老中首座の水野忠邦が天保改革と称される幕政改革を開始したからである。

天保改革では享保改革や寛政改革と同じく質素倹約が大きなテーマとなった。とりわけ風俗の矯正、奢侈の取り締まりに力が入れられる。人々の生活が華美に流れたことで社会が乱れてしまったという認識のもと、厳しい統制を通して引き締めをはかった。なかでも、将軍のお膝元江戸での取り締まりは幕府の強い決意を示すかのように非常に厳しかった。その結果、消費行動が萎縮してしまい、米屋や薬種屋《やくしゅや》など生活必需品を扱う商売以外はすべて売り上げを落とした。

特に高級品を扱う店のシンボルである呉服屋の売り上げは、倹約のあおりを受けて激減する。新規の普請工事を見合わせる風潮も生まれたことで、おのずから大工や職人の稼ぎも減った。要するに、宵越しの銭も減った。

娯楽・遊興に使う金がなくなれば、町の人出は減り、歓楽街も大打撃を受ける。江戸の景気は急速に悪化し、改革政治への不満が蓄積されていく。

天保改革では奢侈の取り締まりに力が入れられた以上、遊興がターゲットとなるのは避けられなかった。そこで目を付けられたのが寄席や歌舞伎なのだが、最初に狙われたのは折しも火事に見舞われた歌舞伎の方だった。

改革が開始された天保十二年の十月七日、堺町にあった中村座の芝居小屋の楽屋から出火し、中村座、隣の葺屋町にあった市村座が焼失する。芝居小屋だけでなく、操り芝居の小屋も同じ運命を辿るが、水野はこれを好機と睨む。同じ場所での再建を許さず、芝居小屋つまり芝居町の移転をはかった。

華美な衣裳をまとう歌舞伎役者は江戸のファッションリーダーだったわけだが、水野には目障りでしかなかった。排除すべきである――。芝居小屋を江戸の中心部からできるだけ遠ざけようと目論むが、実は廃絶させることまで密かに狙う。

まずは、芝居小屋の移転や役者の風俗などに関する調査を目付に命じた。幕政監察を任

務とする目付は、配下の徒《かち》目付や小《こ》人《びと》目付を使って様々な情報収集に当たらせていたが、

水野はこの目付管轄の諜報機関を活用する。

目付から上がってきた「風聞書」という名の調査報告書の内容は、大要次のとおりであ

市川團十郎の成田屋が、お家芸とした「勧進帳」(「歌舞伎十八番」＝国立国会図書館蔵)

った。

芝居小屋の移転については、青山や四谷など人家がまばらな土地に移転させたい。歌舞伎役者の風俗については、奢侈な生活を可能にしていた高額な給金を引き下げ、衣裳も質素なものにさせたい。

風聞書を受け取った水野は、十一月二日に北町奉行の遠山金四郎景元にそのまま下げ渡し、意見を上申するよう命じた。大岡忠相《ただすけ》と並んで名奉行と謳われた「遠山の金さん」その人である。当時、江戸町奉行は北町が遠山で、南町が矢部定謙《さだのり》だったが、この問題は先任の遠山が直接担当した。

同十日、遠山は水野に上申書を提出した。しかし、水野の意に反して、移転には真っ向から反対する内容となっていた。芝居関係者だけでなく、芝居町からの猛反対を想定せざるを得なかったからである。

小屋が移転すれば、観客に期待して生計を立てる飲食業者などの生活はもはや成り立たず、移転の撤回を激しく求めてくるのは必至と見ていた。江戸の町の安定に腐心する遠山としては、何としても移転は避けたいところだった。

歌舞伎役者の風俗については、「特殊なものであることを人々は認識している」という見解を開陳している。そんなに目くじらを立てなくてもよいのでは、とでも言いたげな内容で、水野と遠山の見解の違いは、この点においても明瞭である。遠山は過剰に意識して敵視する必要はないと考えていた。

### 強引な水野忠邦によって、猿若町が誕生

芝居小屋の移転、あわよくば廃絶を狙っていた水野にとり、とりわけ遠山の移転反対論は受け入れがたいものだった。そこで将軍家慶の了解を取ることで移転を強行しようと決意する。

同じ十一月十日、水野は家慶に拝謁を願う。そして、「遠山は移転に反対しているが、自分は移転を実現させたい」と申し立てた。

ところが、四日後の十四日に家慶は遠山を呼び出し、移転反対の考えを直接聴いている。その上で、「遠山の考えは尤《もっと》もであるから移転を中止したらどうか。この件は再評議するように」と水野に命じてきた。

移転論は頓挫した格好だが、水野も退かなかった。結局、将軍も折れるような形で移転を了承する。

十二月十八日、中村座と市村座の芝居小屋、そして操り芝居の小屋が移転を命じられた。翌十三年（一八四二）一月、浅草にあった丹波《たんば》園部藩・小出家の下屋敷一万千五百坪が移転先に指定され、それに伴う手当として五千五百両が下賜された。

移転先の小出家下屋敷跡地は猿若町という名に改められる。なお、下屋敷を取り上げられた小出家は雑司ヶ谷に代替地を与えられている。

突然の移転申し渡しに、堺町や葺屋町などの芝居町で生計を立てている者たちは驚愕する。遠山が危惧したように、移転中止を訴えて騒ぎ出した。奉行所や幕府要人への駕籠訴《そ》まで敢行されたが、水野は断固たる姿勢のもと、移転反対運動をねじ伏せてしまう。

この段階では火事に被災した中村座と市村座に対する申し渡しだったが、木挽町の森田座（当時は休座中で河原崎座が代行）にしても焼失などの時は移転させることが内定していた。要するに猿若町への移転も時間の問題となっていた。

芝居小屋や操り芝居の小屋が移転する以上、芝居茶屋などの飲食店なども猿若町に移らざるを得ない。こうして、浅草に集結した三座のもと新たな芝居町が誕生する。猿若町一丁目に中村座と操り芝居の薩摩座、猿若町二丁目に市村座と操り芝居の結城座、猿若町三丁目には森田座が移った。

なおも歌舞伎を敵視する水野は三座を強制移転させると、今度は宮地芝居に矛先を移す。天保十三年五月に、寺社奉行を通じて寺社境内での芝居興行が禁止され、小屋が取り払われていった。九月には、両国広小路の芝居小屋についても同様の対応が取られた。

水野による歌舞伎界の取り締まりはさらに続く。

七月には歌舞伎役者が猿若町以外に住むことを禁止し、市中を往来する時は編み笠を被ることを義務付けた。派手な身なりが社会風俗に悪影響を与えるという思いが込められた露骨な対応だ。演目に淫らな内容を取り入れないことも併せて命じており、幕府当局が芝居の内容にまで介入していたことが分かる。

京都・大坂以外での地方興行も禁止している。歌舞伎役者を発信源とする流行が地方に広まるのを防ぐためであった。

そして、歌舞伎役者の代表格である七代目市川團十郎を江戸十里四方から追放した。役者たちを震え上がらせるための見せしめに他ならなかった。

## 寄席の味方もした遠山の金さん

次に寄席の取り締まりを見ていく。

幕府内で中村座と市村座の移転が検討されはじめた天保十二年十一月に、水野忠邦は遠山金四郎景元に寄席の全廃案も諮問している。この年の寄席の数は二百三十三軒。対象は寺社境内の寄席二十二軒を除いた二百十一軒すべてである。

水野は、寄席も目障りな存在で排除されるべきものと考えていたが、同十四日に遠山は次のように、反対である旨を答申する。

寄席の演目のうち、軍書つまり『太平記』といった合戦記の講釈や昔話の語りは勧善懲悪がテーマになっている。町人の教化にも有益であり、寄席は一概に全否定すべきものではない。仮に寄席を全廃してしまうと、出演する芸人が生活できなくなり悪事に走る恐れがある。

一方、芝居町で遊興できるほどの身上ではない江戸っ子にとって、寄席は日々の仕事の疲れを癒やす慰労の場となっている。その場を失えば精神不安定に陥り、御禁制の博打に走りかねない。

すなわち、寄席の全廃に反対したのだ。防犯面から、町奉行所が寄席を評価していたことは既に述べた。

遠山の答申を受け取った水野は同二十四日に、江戸市中での寄席の数を十カ所ないし十四、五カ所に制限し、演目も神道講釈、心学の講話、軍書の講談、昔話の語りの四種類に限定するよう命じた。ちなみに、心学とは神道・儒学・仏教を融合した教えを平易な言葉で説いた庶民向けの道徳教育のことである。これではあまり聞く気も起きないだろうが……。

さらに、芸人に限らず女性を寄席の場に出すことも一切禁止した。茶汲み女や物売りの女性の出入りも禁じたのだ。話のなかに、三味線や太鼓などの鳴り物を交えることも禁止した。

前述のように、女浄瑠璃が寄席では人気の演目だった。人気が昂じて、江戸屋敷詰めの藩士が贔屓の演者の送り迎えをするほど入れ込んだり、挙句の果てには妾《めかけ》にしてしまう武士までいて、さすがに風紀上の問題となっていた。こうした現状を踏まえ、女性が出演するのは言うに及ばず、他の名目で出入りすることも禁じた。

仮に水野が寄席全廃を再び指示したならば、芝居の移転問題と同じく強く反対したかもしれないが、姿勢を軟化させて寄席の削減を命じてきたことで、遠山も妥協を余儀なくされる。開業年の古い順から十五軒だけを機械的に選んで営業を許可することになり、翌十三年二月にその旨が布告された。これにより、九割を超える寄席が営業を禁じられてしまったことになる。

寺社の境内では二十二軒の寄席が残っていたが、同じく削減の対象となる。五月に至って、九軒のみが営業を許可された。

天保の改革のため、江戸の寄席は二百三十三軒から二十四軒に激減したのである。

## 改革失敗で息を吹き返す

寄席の大半が営業を禁止されたことで、江戸っ子の慰労の場はほとんど失われた。かろうじて営業の継続が許された寄席にしても、その演目は先に触れたとおり、勧善懲悪や道徳的な内容の四テーマに限定されたため、あまり面白くなかったはずだ。

その上、鳴り物を禁止されたことで賑やかさは失われた。女浄瑠璃も演目から外され、観客は別として女性芸人もいなくなり華やかさも失われた。エンターテインメント性が排除されたのである。

これでは客足は遠のく。当時の寄席は火が消えたような状況だったろう。

芸人側にしてみれば、寄席の激減と演目の限定は死活問題である。芸人たちは往来の道端や空き地に人を集め、大道芸人のように芸を披露して糊口《ここう》をしのいだ。

遊興を楽しむ機会を失った江戸っ子の不満は大きかった。芸人や役者、飲食業者に至っては生活基盤を失った。景気は悪化し、人心はさらに動揺して社会も不安定にならざるを得なかった。

だが、やがて天保改革は終わりを迎える。

天保十四年(一八四三)六月、水野は幕府権力の強化を目指して上知令《あげちれい》を発した。江戸・大坂周辺の大名領・旗本領を取り上げて幕府領に組み込む政策だったが、所領を取り上げられる大名や旗本が猛反発する。

これが命取りとなって、閏《うるう》九月に水野は老中を罷免される。将軍の信任を失ったのだ。それは天保改革の挫折を意味した。

失脚した水野は老中在職中に公邸として与えられた屋敷を引き払うが、その門前には大勢の町人が集まり、多数の石つぶてが投げ込まれてしまう。水野家の足軽はこれを制止しようとしたが抑えられず、逆襲に遭って逃げだしている。

質素倹約の名のもと人々の生活を厳しく規制したことへの反発が一気に噴出したのだ。寄席や歌舞伎の取り締まりに対する反発もそこには含まれていただろう。

天保改革が挫折すると、奢侈や風俗の取り締まりも緩む。江戸っ子の不満への配慮もあったはずだ。ストレス解消の場を確保するとともに、経済の活性化による社会の安定をはかった。

歌舞伎については、宮地芝居の興行が再び許されている。両国広小路での芝居も同様だ。寄席も軒数制限が撤廃されて自由に営業できるようになったため、既に述べたがその数は七百軒に激増する。江戸っ子は再び、寄席と歌舞伎の世界を心ゆくまで謳歌できるようになったのである。（藤田覚『遠山金四郎の時代』校倉書房）

ただし、あまりに多過ぎたのだろう、淘汰《とうた》された結果、最盛期から四年後の嘉永二年（一八四九）には百七十四軒に減っている。

## （4）江戸城内で能を楽しんだ町人たち

### かつては秀吉も保護した芸能

江戸っ子が日常的に楽しめた寄席と歌舞伎はまさに大衆芸能だが、能はそうではない。

幕府の「式楽《しきがく》」として格の高い芸能だった。式楽とは儀式に用いられる芸能のことである。

能は江戸城内で定期的に行われた。毎年正月三日に江戸在府の大名を集めて行われる「御謡初《おうたいぞめ》」、二月頃に江戸に下向してきた朝廷からの勅使の接待として行われる「勅使御馳走能」はその代表的なものであった。

この時代、将軍や大名がみずから能を舞うことは珍しくない。というよりも、嗜《たしな》みの一つとみなされた。大名の江戸屋敷で将軍や大名を迎えて接待する際には、能の観賞がプログラムに組み込まれていた。

そのため、江戸城のみならず大名の江戸屋敷にも能舞台が設けられた。江戸城の場合は、大広間前に能舞台が置かれた。

幕府は能役者を手厚く保護した。それは前代にあたる豊臣秀吉の時代も同じだった。秀吉は熱狂的な能の愛好家で、自身も能を舞った。そして、大和四座《しざ》（観世《かんぜ》・金春《こんぱる》・金剛《こんごう》・宝生《ほうしょう》）に扶持《ふち》を与え、召し抱えた。

徳川幕府も同様に大和四座を保護したが、後に喜多流が加わったことで「四座一流」が幕府の式楽を担当することになる。そして諸藩も幕府に倣い、四座一流の弟子筋の役者を召し抱えた。

このように、能は将軍や大名がみずから舞ったり観賞したりする芸能であり、武士のなかでも上流階級が楽しんだ。江戸っ子には縁遠い芸能だったが、能に接する機会がまったくなかったわけではない。

江戸城の幸橋門《さいわいばしもん》や筋違橋門《すじかいばしもん》の外に設営された小屋で、武士や町人向けに勧進能の名目で能を興行することが江戸時代を通じて数回みられた。席は畳席（三百枚）と入込席（三千枚）に分かれ、一畳に五人が詰める畳席は金二分（約五万円）、土間の入込席は銀三匁（約四千八百円）の入場料だった。盛況の回もあったのは、普段は観賞できない物珍しさがあったからだろう。

## 城内に入れるチャンスだった町入能

江戸城内で行われる能には、定例のものと臨時のものがあった。「御謡初」での能は定例だが、臨時のものとは将軍宣下や婚儀など将軍に慶事があった時の能である。御祝儀として興行されたのだ。

その折には将軍や大名、諸役人、京都から下向してきた公家ばかりでなく、江戸の町人にも能の見物が許される慣例があった。将軍からの恩恵として見物を許した。これを町入《まちいり》能《のう》と呼んだ。

将軍と一緒に能を見物する形で、その慶事をお祝いしたが、町人にとっては江戸城内奥深く入れる滅多にないチャンスだった。

城内に入れるのは五千人ほどである。ここで言う町人とは、地主と家主のことで、地借《じがり》や店借《たながり》は含まれていない。午前と午後の二回に分けられ、それぞれ約二千五百人ずつが能を見物した。

町ごとに人数が割り当てられて入場券の札が渡されたが、実は札を所持していれば地主や家主でなくても能を見物できた。長屋住まいの店借はもちろん、江戸の町に住んでいなかった農民も見物していた。

幕府もそれを黙認する。硬いことを言うよりも、将軍の懐の深さが知れ渡れば良しと考えたのだろう。そんな事例を紹介していこう。

天保八年（一八三七）九月四日、公用で江戸出府中だった武州多摩郡柴崎村（現東京都立川市）の名主・鈴木平九郎は対象外でありながら、町入能を見物している。家慶の将軍宣下に伴う御祝儀の能興行だった。本船町《ほんふなちょう》（現東京都中央区）の善吉を通して札（午後の部）を入手した平九郎は、本船町の町人に化けて城内に入った。

傘を振り回してまっしぐら！（「千代田之御表」＝国立国会図書館蔵）

能を見物した午前の部の者たちが下城してきたのは、午後四時頃である。午後の部の者たちは五つに分かれ、各城門で待機した。桔梗門《ききょうもん》に日の丸の扇が上がったのを合図に城内に駆け込み、良い席を取ろうと大広間前に殺到する。

平九郎によれば、袴の左右の股立《ももだち》を腰に高く挟み、肩衣には襷《たすき》を掛けるという走りやすい格好の町人たちが、城内で個々に受け取った傘を振り回しながら大広間前まで駆け込んだという。さながら戦場のようで、警護の武士も道を空けたくらいだった。(『公私日記』立川市教育委員会)

「傘を振り回し」とは、実は傘を一本持って見物するのが慣例だった。これは町入能がはじまった三代将軍家光以来のこととされる。その日、たまたま雨が降っており、見物の町人たちに傘が渡された。見物席は露天だったからである。

こうして、町入能の時には傘が渡されるのが慣例となったのだ。

### 「色男!」一日限りの無礼講

町入能の様子については、十五代将軍慶喜の小姓を務めた村山鎮が明治に入ってから次のように回顧している。

町奉行のえらいのは、町入御能のときです。江戸中の家主五人組を、御舞台の脇の正面に青竹で囲いを拵《こしら》え、莫蓙《ござ》を敷いて竹筒へ酒を入れ、折詰を一つずつ下されて、見物に出るのです。すると御老中が出ると、そのとき何事でも、何々のことはしっかり頼むぞだの、若年寄が御能触れに出ると、ャァ色男だの、その人の領地の名を呼びて、じいさんとか若いのとかいって、騒がしきこと甚しいものでした。そうするうちに町奉行が御縁側へ出て、しィというと、どんなに騒いでいても、忽《たちま》ち静かになるのです。一つは町奉行の威光を見せるためだそうですが、それは驚くくらいのものでした。また御能拝見に出るものは、ほんとうの家主五人組ではなくて、その名代に店子《たなこ》の大工の熊も出れば、八も出る。妙な頭の結い方をしたりして出たもんです。併《しか》し、みな上下は着ていたが、縮《ちぢみ》のもあれば、紋のなき黒浅黄、勝手次第で、恰《あたか》も杉酒屋の鱶七《ふかしち》(歌舞伎の妹背山《いもせやま》)というなりのもあった。(村山鎮「大奥秘記」『幕末の武家』)

会場で酒や折詰の弁当が振る舞われたとあるが、実際は能が終了してからのことだった。そして、老中や若年寄が能を見るため座敷に入ってくると、御白洲《おしらす》で莫蓙を敷き、能がはじまるのを待っていた町人たちは、好き勝手なことを言い立てた。「色男」「じいさん」「若いの」などと言いたい放題だった。

老中・若年寄と言えば幕府の最高実力者で、会場も神聖であるはずの城内である。本来ならば到底許されない行為だが、この日は無礼講なので咎《とが》められることはなかった。

しかし、町奉行が「しィ」という声を掛けると、たちまち静かになる。町人たちの前で町奉行の威光が示された格好である。

見物にやって来た町人たちの姿は様々だった。礼装の裃姿ではあったが、紋が付いていない肩衣の者もいるなど思い思いの珍妙な扮装だった。歌舞伎の「妹背山婦女庭訓《おんなていきん》」に登場する猟師鱶七のような格好の者もいた。

明治・大正の実業家の一人であった鹿島萬兵衛の記憶によれば、将軍がお出ましになると御簾《みす》が巻き上げられ、見物の町人から「親玉」、「成田屋」という声が掛かった。この日が無礼講であることを象徴する光景だ。

親玉は将軍の隠語として使われた言葉である。成田屋、つまり江戸歌舞伎の代表格市川團十郎に喩えているのも興味深い。能よりも歌舞伎の方が大衆的な娯楽であり、歌舞伎の舞台を見るような気持ちで能を見物していたことが分かる。

町入能が終了すると、鏡餅と錫製の御神酒徳利二本が振る舞われた。江戸城から帰って来ると、町では高張提灯《たかはりちょうちん》や万燈《まんどう》を灯して迎えた。(『江戸の夕栄』中央公論社)

江戸っ子は寄席や歌舞伎だけでなく、江戸城内で将軍と一緒に能も見物したのである。

# 第四章

# 大奥も大喜び、江戸の祭り

## 将軍様も楽しんだ非日常空間

心浮き立つ親子（「江戸自慢三十六興　日吉山王祭り子」〈部分〉歌川広重画＝国立国会図書館蔵）

## （1）神輿深川、山車神田、だだっ広いは山王様

### 江戸の三大祭り、そして天下祭とは？

「火事と喧嘩は江戸の華」と言われるが、本当の江戸の華といえば祭りをおいて他にない。なかでも、江戸三大祭りとして挙げられることが多いのが深川の富岡八幡宮、神田明神（現神田神社）、山王権現（現日枝神社）の祭りだ。

それぞれ深川八幡祭、神田祭、山王祭という。この三大祭りの特徴をうまく表現している言葉に、「神輿《みこし》深川、山車《だし》神田、だだっ広いは山王様」がある。深川八幡祭と言えば神輿、神田祭は山車、そして山王祭は長い祭礼行列が有名だった。

神田祭をリアルタイムで見物した人物がいる。将軍の影武者役である御徒《おかち》を務めた御家人の山本政恒は、幕末の江戸を回顧した文章を残している。山本は現在のＪＲ御徒町駅の近くに住んでおり氏子ではなかったが、神田の町に住む氏子の商家に招かれて神田祭を見

山車が有名な神田祭（江戸名所図会「神田明神祭礼図」＝国立国会図書館蔵）

物している。そして、祭礼で賑わう町内の光景を次のように書き留めた。

氏子町々にては家毎に提灯、又は造り花を軒先へ付け、店先へ青竹の太き以て手摺を造り、毛氈を敷き、金屏風を建て、客を招き赤飯を馳走し、祭りの通行を見る。往来は、白玉水売、又菓子水菓子売・からくり見せ物（八つ八通り替る）持遊び、ほうづき売、其他種々の商人及見物人等往来して、其賑は敷事、泰平の御代なればこそ、斯あらんと思へり（中略）幼年の時、神田の町家へ被招、毛氈の上にて出しを見物し、赤飯を馳走に成、心嬉しく覚

たり。（山本政恒『幕末下級武士の記録』時事通信社）

祭礼を祝う提灯や造花が氏子の軒先に飾り付けられ、祭礼行列が通過する道筋の店先には見物席が設けられたことが分かる。

見物人を目当てに、菓子売りや果物（水菓子）売りなどが往来を行き来しており、その賑やかなことは泰平の時代ならではの光景であると、山本は感想を述べている。とりわけ、招かれた神田の商家で山車（出し）を見物し、赤飯を御馳走になったことは幼少時の良き思い出として記憶に残ったようだ。

山本が見物した神田祭と山王祭の二つは、「天下祭」の名称で特別視された。祭礼行列が江戸城内に入ることを許され、将軍上覧の栄誉に浴したことが理由だが、将軍との距離がより近かったのは山王祭を執り行う山王権現の方だった。

徳川将軍家の産土神《うぶすながみ》（生まれた土地の守り神）として厚く崇敬された山王権現は、太田道《どう》灌《かん》が川越の山王社を江戸城内に勧請《かんじょう》したことにはじまる。文明十年（一四七八）のことである。その後、天正十八年（一五九〇）に徳川家康が江戸城に入った折、山王社を江戸城の鎮守、つまり徳川家の産土神と定めた。そして、慶長八年（一六〇三）に家康が幕府を開いて将軍の座に就くと、自動的に徳川将軍家の産土神となる。

翌九年（一六〇四）には三代将軍となる家光が江戸城内で生まれた。家光にとり、山王社つまり山王権現はまさしく産土神だった。

家光誕生後、山王権現は江戸城の拡張工事に伴い、半蔵門外に遷《うつ》される。明暦三年（一六五七）の明暦の大火で社殿が焼失したのを契機に現在地へ遷座され、幕府の費用をもって社殿が再建された。このように、山王権現は歴代将軍から厚く崇敬された。朝廷から将軍宣下を受けた時などは、新将軍みずから奉告のため参拝し、太刀を奉納している。

山王権現は江戸郷の総氏神、産土神としての顔も持っており、江戸っ子からも厚く敬われた。そのため、二年に一度執り行われる山王祭（六月十五日）は江戸の祭礼の代表格となり、その行列が江戸城内に入ることを幕府から許される。将軍上覧の栄誉に浴したことで、天下祭として位置付けられたのである。

もう一つの天下祭・神田祭を執り行う神田明神の創建は、約千三百年前の天平二年（七三〇）に遡る。

今も都心の大手町にある将門塚の周辺で創建された。天慶《てんぎょう》の乱で非業の死を遂げた平将門を延慶《えんきょう》二年（一三〇九）に祭神としたことで、後には太田道灌や北条氏綱たち、名だたる関東の戦国武将から崇敬されるようになる。慶長五年（一六〇〇）の関ヶ原合戦の際には家康が戦勝を祈願し、見事勝利を収めたことで徳川将軍家からも厚く崇敬されたのだ。

家康が死去した元和二年（一六一六）には、江戸城の表鬼門守護の場所にあたる現在地に遷座し、幕府の費用で社殿が造営された。

その後も明暦の大火（一六五七年）や明和九年（一七七二）目黒行人坂の大火で社殿が焼失した際には、幕府によって再建されている。

江戸総鎮守とも称された神田明神も江戸っ子から厚く敬われ、二年に一度執り行われる神田祭（九月十五日）は山王祭と同じく江戸の祭礼の代表格となる。城内での将軍上覧があったため、神田祭も天下祭と呼ばれるようになった。

## 将軍と女性たちが楽しんだ天下祭の原則

神輿の行列が城内に入ったのは山王祭の方が早かった。寛永十二年（一六三五）に、時の将軍家光が城内の櫓《やぐら》から上覧したのが最初だったと伝えられる。神田祭が城内に入ったのは、遅れること五十三年、五代将軍綱吉の代にあたる元禄元年（一六八八）のことである。

当初、二つの祭は毎年執り行われていたが、延宝九年（一六八一）からは隔年交代に改められる。以後、山王祭は子《ね》・寅《とら》・辰《たつ》・午《うま》・申《さる》・戌《いぬ》の年、神田祭は丑《うし》・卯《う》・巳《み》・未《ひつじ》・酉《とり》・亥《い》の年に執行される原則となった。ただし、将軍死去の年、大災害に見舞われた年、社殿焼失の年などは順延、休止もしくは翌年に延期される場合もあり、この原則は必ずしも当てはまらなかった。

将軍の代わりに、その継嗣が上覧する場合もみられた。いずれの場合も、将軍正室の御《み》台所《だいどころ》や奥女中たち、江戸城大奥の女性も打ち揃って観覧している。

隔年交代に改められたのは、祭礼費の負担が氏子の町に重くのしかかっていたことを幕府が危惧したからである。山王祭にせよ、神田祭にせよ、それだけ大掛かりな祭礼だった。

天下祭というくくりで見れば、隔年なら毎年執行される計算となる。

実は、天下祭が三つあった年がある。正徳四年（一七一四）の根津権現（現根津神社）の祭礼が天下祭として位置付けられた時である。

時は約五十年遡る。

寛文二年（一六六二）に徳川一門・甲府徳川家の江戸屋敷で後の六代将軍家宣《いえのぶ》が生まれると、近隣の千駄木村に鎮座する根津権現が家宣の産土神に定められた。

天下祭には桟敷席もできた（江戸名所図会「山王祭」＝国立国会図書館蔵）

その後、根津権現は千駄木村から現在地に遷座し、家宣は綱吉の次の将軍の座に就く。

やがて、家宣の死去を受けて家継が七代将軍となると、正徳三年（一七一三）に幕府は江戸の町に向けて次のように布告する。

この年は山王祭の年だが、翌四年は根津権現の祭礼、五年は神田祭を執り行うこととし、今後は三年ごとに交代で三社の祭礼を執行する。

根津権現の祭礼を天下祭に引き上げるとの表明だが、そこには祭礼を通じて家宣の遺徳を後世に長く伝えたいという意図が込められていた。

実際、四年九月に執り行われた祭礼では神輿の行列が城内に入り、将軍の上覧を受ける。以後は神田明神、山王権現、根津権現三社の祭礼が三年に一度ずつ天下祭として執行される予定であった。

ところが、六年（一七一六）に家継が夭折し、紀州徳川家の吉宗が八代将軍の座に就くと風向きが変わる。根津権現の祭礼を天下祭から外し、山王祭と神田祭を天下祭として隔年に執行させる旧スタイルに戻した。

天下祭の場合は、幕府が祭礼費用を一部補助することになっていた。神輿の行列に要する祭具は、幕府により新調そして修復された。あるいは、幕府の費用で賄われた（後にこの修復料給付の方式に変更）。つまり、天下祭が一つ増えれば、その分幕府の負担が増した。

折しも、幕府は極度の財政難を背景に、吉宗の強力なリーダーシップのもと享保改革を開始したばかりだった。少しでも歳出を抑制して財政再建を果たしたい吉宗からすると、天下祭を二つに戻すことで、費用を節約したかったのだろう。その結果、天下祭としての根津権現の祭礼は正徳四年の一回だけに終わったのである。

## 天下祭に秘められた幕府の本当の狙い

こうして両祭は、幕府肝煎《きもい》りの祭礼として執行され続けたが、幕府の狙いとは何だったのか。

まず何よりも、江戸っ子に将軍との一体感を感じさせたかったのだろう。天下祭は、将軍のお膝元に住んでいることを実感させるのにまたとない機会であった。そんなプレミア感は祭礼を盛り上げる要因となり、そのぶん後援者たる将軍の威光も輝いたはずだ。

ただし、単に盛り上がればよいわけではない。幕府肝煎りの祭礼にふさわしい秩序と礼儀は守られなければならなかった。さもないと、将軍の威光に傷が付きかねない。

そこで、幕府は祭礼に際し、江戸の町に細かな指示を与えている。神輿の行列に参列する者は神社側の指示に従うこと。見物人は喧嘩口論を仕掛けないこと。神輿が通る時は二階から見物しないことなど、幕府肝煎りの祭礼に敬意を表するよう求めた。

そのシンボルこそ神輿なのだが、幕府から神輿を寄進された上に祭礼費も補助されている以上、その執行に際しては強い規制が掛けられたのである。

天下祭にはもう一つ、江戸の経済を活性化させたい狙いもあった。幕末の安政六年（一八五九）の神田祭では、市中の景気を回復させるため祭礼を盛大に行うよう江戸の町に命じる。祭礼を経済活性化の起爆剤にしようとした意図は明らかだ。翌万延元年（一八六〇）は山王祭の年だったが、この時も同じく盛大に執り行うよう命じている。

なお、この時初めて外国人に祭礼の見物を許可している。盛大な祭礼を目に焼き付けさせることで世界最大級の都市に君臨する将軍の威光、幕府の威信を国外に向けて発信したい目論見が秘められていた。通商条約の締結に伴い、安政六年から欧米諸国との貿易が開始されたことを受け、国威発揚の狙いも追加されたのである。

## 見物を禁じられた江戸詰藩士の秘策

祭礼が盛り上がる一方で、現場ではトラブルも起きていた。天下祭に限らず、祭礼では喧嘩が付き物だったからである。幕府は祭礼時の喧嘩口論を厳しく禁じたものの、あまり効果はなかった。天下祭の場合、次のような喧嘩の事例が知られている。

例えば、嘉永四年（一八五一）の神田祭当日の九月十五日に起きた喧嘩の一つは、大伝《おおでん》馬《ま》町《ちょう》の鳶の者たちが祭礼で披露した木遣《きや》り歌が下手だと、小網町の若い衆が悪口を言ったのが発端だった。これに遺恨を持った小伝馬町の鳶の者が夕暮れに小網町に押し寄せ、若い衆が経営する寄席を襲った。祭礼時の喧嘩だけでなく、祭礼での事件が発端となった喧嘩も多かったのである。

また、天保十三年（一八四二）の山王祭当日の六月十五日には、南伝馬町の人足が旗本の中間《ちゅうげん》たちと喧嘩となっている。町人どうしではなく、相手が武家屋敷の場合も珍しくなかった。（『藤岡屋日記二』三一書房）

伊予松山藩松平家の藩士で、明治に入って教育官吏となった内藤鳴雪《めいせつ》という人物がいる。晩年に江戸時代を振り返って口述筆記させた自叙伝で、天下祭として江戸随一の人出を誇った山王・神田祭について触れている。鳴雪によれば、藩士が天下祭を見物することは厳禁された。

前述したが、参勤交代制により、各藩の藩主は隔年での江戸在府を義務付けられた。そのため、幕府から拝領した江戸屋敷に大勢の藩士とともに住んでいたが、いずれの藩でも藩士たちが屋敷の外に出ることには厳しい制限を課した。屋敷外で何かトラブルに巻き込まれることで藩の名前が出てしまい、藩主に傷が付くのを恐れたのである。

松山藩の場合で言うと、屋敷外に出ることは月に四回に制限された。四回のうち二回は朝から午後六時。もう二回は午後二時から六時まで。藩により事情は異なるが、藩邸の門の出入りは日の出（午前六時頃）から日暮れ（午後六時頃）までだった。

外に出る時は、藩士の行動を取り締まる目付役から鑑札（門札、切手という）を貰い、帰って来ると返却するシステムになっていた。この鑑札は外出中ずっと持ち歩くのではなく、屋敷の門を出る時に屋敷の門番に渡した。戻って来ると門番から受け取り、当番の目付に返却した。

さて、祭礼のような人が集まる日の外出は禁止されるのが通例だった。江戸随一の人出を誇った天下祭の場合はなおさらだが、実際は守られていなかったことは鳴雪の以下の証言からも明らかである。


その頃盛んな山王神田の祭などは、人が雑沓するから、もし事変に出合って藩の名が出るといかぬというので、特に外出を禁ぜられていた。そこでこの祭を見ようと思う時には、病人があるから医者へ行くと称して、門を出たものである。藩の医者は、邸外に住んでいる方が、町家の者を診ることも出来て収入が多いので、よく外に住んだ。この事は藩でも許していた。それで医者へ行くということを外出の口実にすることが出来た。だから祭の日などは、俄《にわか》に邸内に病人が殖えた。芝居に行く時には朝が

早いから皆病人になって行った。この事は黙許されていた。(『鳴雪自叙伝』岩波文庫)

屋敷の外に住んでいる藩医に診てもらう名目で、外出することが藩当局から黙認されていたことが分かる。だから天下祭の日は屋敷内に病人が急に増えた。見物したい藩士が仮病を使って屋敷の外に出ていった。

この秘策は祭礼に限らない。歌舞伎を見物する時も、仮病で屋敷外に出た。武士が芝居見物するのは外聞が悪かったからだろう。

藩が祭礼見物を目的とする外出を黙認した背景には、外出制限による不満が何かの拍子で爆発することへの懸念があった。一種のガス抜きだが、その方便として活用されたのが病気だったのである。

## (2) 江戸の華・天下祭のスタイル

### 神輿・山車・附祭、ときには曲芸も

神社の祭礼というと、現在では御神体が乗る神輿がクローズアップされる。神輿には、神社が管理する「宮神輿」と、氏子町会が管理する「町神輿」の二種類があった。

現代では、宮神輿が氏子区域を巡幸する一方で、町神輿は氏子町を練り歩いてから神社に宮入りする。そんなスタイルが定番だ。

ところが、江戸時代まではそんな神輿中心の祭礼ではなかった。氏子町による山車と「附祭《つけまつり》」も加わる三部構成が取られた。というよりも、山車や附祭が祭礼の主役格となっていた。

山車は氏子町が製作したもので、神の依《よ》り代《しろ》としての役割を担った。元々は氏子町にちなんだ様々な造り物や人形といった飾り物が付いた屋台を指しており、各町のシンボルでもあった。

最初は人が担いで練り歩いたが、後には車輪が付けられて牛で牽くスタイルが一般的となる。山車が大型化したため、車輪付きの方が練り歩くのに都合が良かったからだろう。

山王祭では百以上の氏子町が四十五番組に、神田祭でも百以上の氏子町が三十六番組に編成されて、各番組が山車を出した。一つの番組で複数の山車を出す場合も見られた。

もう一つの附祭は、籤などで当番となった氏子町（当番町）による出し物のこと。時期

庶民も大金を注ぎ込んで、余興に工夫を凝らす（「神田明神祭礼絵巻」〈部分〉＝国立国会図書館蔵）

により増減したが、最低三つの町が選ばれた。その倍以上の町が選ばれることもあった。一つの附祭は踊り屋台、地走り踊り、練り物の三つから構成されるのが一般的である。

踊り屋台は文字どおり踊りの舞台のことで、踊り手を乗せながら移動させた。地走り踊りは歩きながら踊るもので、踊り手だけでなく楽器の弾き手も一緒に歩いた。

練り物は、びっくりするほどの大きな造り物を仕立て、仮装をした人々が一緒に練り歩くものである。

神輿や山車は神霊が宿るという意味で宗教性が強かったが、附祭はそうではない。まさしくエンターテインメントな余興に他ならない。江戸の人々に馴染みの深い古典、もしくは歌舞伎などでの流行《はや》りものを取り入れた芸能文化が披露された。若い女性や子どもたちも大勢参加した。

余興である附祭は、祭礼という神事では、本来附属品のような位置付けだった。だが、各氏子町の山車の内容がほぼ固定するに伴い、毎回趣向を変えられた附祭に氏子町は力を注ぐ。言い換えると、大金を注ぎ込んだ。

実際の順番は、山王祭では氏子町（四十五番組）の山車と当番町による附祭の行列が終わった後に、神輿の行列が続いた。神輿の行列はしんがりであった。

神田祭も同様の順番だった。ところが、天明三年（一七八三）から、十番組（三河町一丁目）の山車と十一番組（豊島町、湯島一丁目、湯島横町、金沢町）の山車の間に神輿の行列が入るようになる。神輿行列が最後尾のままだと、神輿が神社に戻るのが深夜になってしまうからという神社側の要望を幕府が認めたのだ。

それだけ、氏子町（三十六番組）の山車に加え、当番町の附祭の行列を進行させるのには多大な時間を要した。そうした事情は山王祭も同様だった。

幕府からの要請に応えた出し物が行列に加わる時代もあった。これを「御雇祭《おやといまつり》」と呼んだ。附祭の当番町ではない氏子町による出し物で、独楽回《こま》しや太神楽《だいかぐら》の芸人が雇われた。

当時、独楽回しの芸人として知られた松井源水も神田祭の御雇祭で芸を披露している。太神楽とは獅子舞や皿回しなどの曲芸のことである。

幕府が出し物に必要な費用の一部を支給したことから、「御雇祭」の名称が生まれたという。実は御台所《みだいどころ》や大奥からの希望を受けていた場合が多かった。将軍の上覧にかこつけ、プロの芸人による独楽回しや皿回しの芸を楽しみたかったのだ。

### カネに窮して、妻や娘を芸者や遊女に?

附祭や御雇祭の行列は山車の行列に割り込む形で続いた。山車、附祭、山車、御雇祭、山車というような順番だった。そして、山王祭は神輿の行列が最後に、神田祭の場合は途中に入った。

神輿行列を除いて、幕府補助以外の必要経費は氏子町が負担することになっていた。しかし、町だけで負担し切れるものでもなかった。それに、参加者が着用する衣服などは自腹だった。懐の寂しい江戸っ子のなかには窮するあまり、自分の妻や娘を芸者や遊女(「妓」)に売ってまで衣裳を整えた事例が多かったという。

肥前平戸藩主だった松浦静山《まつらせいざん》には、江戸時代の代表的な随筆集と評価される『甲子夜《かっしや》話《わ》』という著作がある。大名・旗本の逸話、市井の風俗に関する見聞の筆録集だったが、天下祭については次のような実態が紹介されている。

歎ずべきは、軽賤の者、祭礼用意の衣服等の料に支《つか》ゆるとて、妻娘を妓に売こと頗る有《あり》と聞く。かかる風俗を見捨置くは、町役人の罪と謂ふべし。（松浦静山『甲子夜話1』平凡社東洋文庫、以下同じ）

こうした所行を糾弾する静山の指摘はもっともなことだが、いかに天下祭が江戸っ子を熱狂させたかが窺える証言でもあった。

## 特徴がすぐに分かる江戸型山車の誕生

以下、天下祭の主役格となっていた山車・附祭・御雇祭の内容を個々に見ていこう。まずは、氏子町のシンボルたる飾り物が付けられた山車からである。

山車には、町名や町の由来にちなんだ人形が飾り付けられることが多かった。山王祭でみると、十七番組（小網町）の山車は「網打人形」。二十六番組（本材木町一〜四丁目）の山車は「棟上人形」。神田祭で見ると、二十七番組（鍛冶町）の山車は「小鍛冶人形」。三十番組（雉子町）の山車は「白雉子」が付けられた。

こうした飾り物を見れば、各氏子町の特徴が一目で分かる趣向になっていた。その様子は現存する祭礼絵巻からも確認できる。

神田祭の場合、山車の形態は吹貫型《ふきぬけ》、笠鉾型《かさほこ》、万度型《まんど》、岩組型、江戸型の五種類に分類されている。吹貫型は吹き流しを載せた山車。笠鉾型は一本の柱に笠を付けた山車で、てっぺんに人形や飾りが載っている。万度型は柱のてっぺんに人形や飾り物を置き、その下に町名などを書き記した花飾りの万燈を据えた山車。岩組型は張子の岩（岩組）の上に人形や飾り物を据えた山車である。

そして、江戸型は二輪の台車に三層の櫓を置いた山車だった。三階建ての山車の一階には囃子方《はやし》が乗り込み、三階には町のシンボルである人形が置かれたが、人形のある三階部分は下降させることができた。上下に伸び縮みできる仕組みとなっていた。

山王祭と神田祭の祭礼行列は江戸城の城門を潜《くぐ》らなければならないため、その高さにはおのずから上限があった。三階建てのままでは通過できず、二階建ての状態にする必要があった。その工夫が施されたのが江戸型の山車なのである。

特徴である三階建ての山車も見える（「神田大明神御祭図」歌川貞重画＝国立国会図書館蔵）

城門を潜る時に人形のある三階部分が下降し、無事通過した後は上昇して三階建てに戻るのだ。歌舞伎の舞台にある「迫出し」と仕掛けは同じである。幕末以降、この江戸型山車が多く造られるようになった。

だが、他の山車に比べると製作費が跳ね上がるのは避けられなかった。江戸型山車を一つ新調するのに、四、五百両も掛かったという記録も残されている。

## ゾウも出てきた！ 附祭の大騒ぎ

次は附祭の出し物である。

毎回、祭礼行列のなかでは最も注目を浴びた。いきおい、当番となった氏子町の間での競争が激化して、豪華で華美な内容となるのは避けられなかった。

動きながら芸を披露する踊り屋台と地走り踊りから見ていこう。

前者の踊り屋台は、上に乗った踊り手が芸を見せたものである。参加者は屋台を山車のように引き、踊りや長唄を披露する時は屋台を停めた。移動舞台だったが、屋台に乗れる踊り手や三味線などの伴奏の弾き手の数には限りがあった。

一方、地走り踊りは、歩きながら芸を見せるもので、人数制限を気にする必要はなかっ

八代将軍・吉宗に献上されたベトナムからの象が大人気に。早速、造り物の象が登場（「千代田之御表」＝国立国会図書館蔵）

た。そのため、女性や子どもが華やかな衣装をまとい、踊り手として多数参加している。附祭の当番町の住人だけでなく、その周辺の町の女性や子どもたちも踊りの師匠に連れられて参加した。むしろ、氏子町以外からの参加者が大半を占めた。

　踊りには伴奏音楽が必要であるため、三味線、笛、太鼓、鼓などの楽器を担当する者も一緒に練り歩いた。いずれもプロの演者であり、レベルは高かった。歌の文句も最新の流行語や町名などが盛り込まれていた。仮装による寸劇も演じられた。

　このように、賑やかな光景が繰り

鬼退治をテーマにした造り物が定番に（「神田明神祭礼図」＝国立国会図書館蔵）

広げられ、祭礼のメインになっていたと言っても言い過ぎではない。歌舞音曲、造り物などの芸術、演劇……江戸の芸能文化が祭礼の場を通じて、いわゆる「見える化」されていた。

　練り物には定番があり、山王祭の場合は象の造り物がその一つだろう。享保十四年（一七二九）に、中国の商人を通じて八代将軍吉宗にベトナムの象が献上され、物見高い江戸っ子の目にも触れたことで大きな話題を呼ぶ。象ブームの到来を契機に象の造り物が登場し、山王祭での練り物のシンボルとなった。江戸のガイドブックである『江戸名所図会』や『東都歳時記』の挿絵でも取り上げられたほどだった。

神田祭の場合は、「大江山凱陣《がいじん》」にちなんだ練り物が挙げられる。江戸っ子でも知っている古典にちなんだ造り物であった。大江山に鬼退治に出掛けた源頼光が鬼（酒呑童子）の首を持って凱旋してきた場面をテーマにしたものだ。この鬼の首の造り物は神田祭の練り物の名物となり、同じく『東都歳時記』の挿絵で取り上げられている。

朝鮮通信使の来日を受け、その様子を復元した仮装行列もみられた。これは時事ネタを取り込んだ練り物ということになる。

単に造り物を移動させるだけでなく、仮装した参加者がともに練り歩くのが通例だった。それも音楽付きだから、さぞや賑やかだったことだろう。

人々の注目を浴びたことで、天下祭における附祭は豪華で派手な余興となった。当番町どうしの競争心が、その傾向に拍車を掛けたのは間違いないのである。

## 幕府の規制も空文化させた天下祭の賑わい

先に登場した御徒の山本政恒は神田祭だけでなく、山王祭もリアルタイムで見物しており、その光景も以下のように書き留めている。

各町年寄、其外は美服を着し、袴を付け、脇差を差し、若ひ者は揃ひの衣服を着し、惣体花の付たる菅笠を冠り、紐は太き赤色を用ゆ。白足袋・福草履何れも出しの先へ立ち、鳶の者は足袋はだし、前後左右にありて出しの扱をなす。鉄棒引、又きやりをなす。踊屋台・地踊の踊り子は、町内娘又は芸者、踊の師匠附属し、大きなる団扇を以て踊り子を煽ぎ、底抜屋台は長唄・清本等・富本の三味線を引、うたいながら歩む。太鼓・鼓みも附属す。又芸者の内、髪を男曲げに結び、美麗なる衣服・襦袢を着し、片肌上着をぬぎ、たつつけ袴をはき、草鞋を履き、鉄棒を引き、花笠を冠り、又は背にかけ、出し屋台の先へ立、総て花やかなる扇を開き持なり。又町名を記したる四半の幟を高く建て、町内毎に飲食物を用意せる者附属す。(山本政恒『幕末下級武士の記録』)

山本が書き留めた山王祭の光景は、三部構成のうち附祭のパートであった。

祭礼を監督する立場にある町年寄たち町役人は袴を付けて脇差を差すなど、武士のような格好をしていたが、若い衆たちは揃いの服で派手な格好だった。

出し(山車)を曳《ひ》く鳶の者が木遣り歌を披露し、踊り子や三味線を弾く演者たちが歌舞音曲を披露する姿が浮かび上がってくる証言である。山車に先立って、男装した華やかな芸者たちの行列が彩りを添えた様子も分かる。町ごとに、祭礼行列の参加者に飲食物を補給する者も付いていた。

山本が鮮やかに描写したように、天下祭では江戸の華にふさわしい光景が繰り広げられたが、となれば祭礼費用が増大するのは必至だった。天下祭は幕府主催の祭礼としての顔も持っていたのだから、あまりに華美なものとなるのは好ましいことではなかった。費用の増大も心配だ。

そこで、幕府は規制に乗り出す。祭礼費の助成という形でその尻拭いを求められることも懸念しただろう。

とりわけ享保・寛政・天保改革では贅沢は敵とばかりに、華美な祭礼は格好の取り締まりの対象となる。附祭での出し物の数を減らすなどして祭礼費の削減をはかったが、改革の時期が終わると、幕府の規制も緩んで元の黙阿弥になるパターンを繰り返したのである。

## （3）祭礼番附という名の台本とリハーサル

### 日記で分かる、取締掛名主と当番町の決定

山王祭にせよ、神田祭にせよ、準備が大変だったのは言うまでもない。

これまでも紹介した『江戸名所図会』や『東都歳時記』の編者・斎藤月岑《げっしん》（一八〇四～七八）は、神田明神の氏子町の一つ・雉子町（現千代田区神田司町）など六カ町を支配する町名主であった。町名主とは、江戸の治安を預かる町奉行所から各町の行政事務や運営を委託された町役人のことである。

ただし、奉行所と名主が直結したのではなく、その間に町年寄（樽屋・奈良屋・喜多村の三家）が介在した。

町年寄を介して奉行所からの指示が名主に伝えられ、逆に名主からの上申は町年寄を介して奉行所に伝えられるシステムになっていた。名主の数は二百五十～二百六十名にも達した。

八百八町と呼ばれた江戸の町だが、実際は千六百町を超えた。町人の人口は約五十万人だから、名主一人あたり、平均六〜七カ町、約二千人もの町人を支配した計算である。江戸には二百六十ほどの役場があり、役場の長たる名主が町奉行による都市行政を支えた。その職務は町触《まちぶれ》の伝達、人別《にんべつ》の改め、火事場での火消人足の差配など実に多岐にわたった。山王権現や神田明神の氏子町を管轄する名主の場合は、これに天下祭執行に関する諸々の事務処理も加わる。

月岑はそんな名主の一人だった。

月岑が残した日記によれば、神田祭（九月十五日）の準備が開始されるのは約三カ月前にあたる六月のことである。

まず、町年寄のもとに氏子圏に属する町の名主が集まり、祭礼取締掛を務める名主数名が決まる。その年の神田祭の幹事役として、奉行所からの指令のもと祭礼全般を監督した。

祭礼取締掛となった名主のもとで、氏子町は祭礼の準備に取り掛かるが、まずは附祭を担当する当番町を決めなければならない。既に述べたとおり、最低三つの町が選ばれた。

祭礼のうち、神輿行列は神社側で用意するものであるから、山車と附祭が氏子町の担当となる。山車の場合は原則、毎回決まった人形や飾りを用意すれば良かったのに対し、附祭の内容は毎回変える必要があった。

当番町では名主が町内の地主や家主たちを集め、附祭の協議に入る。天下祭の主役格として注目を浴びるのだから、その内容を決めることは、当番町にとって大きなプレッシャーだった。

町人は居住形態により、家持・家主・地借《ちがり》・店借《たながり》の四つに分けられる。

家持とは土地を所持し、そこに居住する者のこと。いわゆる地主。

家主は家守とも呼ばれ、地主から長屋の管理を委託されて店賃を徴収する者。

地借は地代を支払って地主から土地を借り、家屋を自己資金で建てた者。

店借は店舗や長屋を借りて住む者だが、表通りに面した店舗を借りる表店借と、裏通りの長屋に住む裏店借の二つがあった。

よく言われる「九尺二間の裏長屋」、つまり裏店住まいの江戸っ子とは、この裏店借のことである。間口九尺（約二・七メートル）に奥行き二間（約三・六メートル）の住居だ。

各町の運営は名主に委託され、それに要する費用（町入用という）を町に納めたのは家持（地主）だった。地借や店借たちは納めていない。要するに、町の運営に対する発言権はなかった。

祭礼の費用は町入用から支出される以上、地主には附祭の協議に加わる権利があったが、地主から土地などの管理を委託された家主も協議の場に加わっているのは興味深い。土地などの管理にとどまらず、町の運営にも地主の代理人として関与したことが透けて見えてくる一例である。

## 「餅は餅屋」でプロデューサー請負い

当番町の名主のもとに集まった地主や家主たちによる協議の結果、附祭の内容が固まると、練り物用の造り物の製作がはじまる。もちろん当番町で製作するのではなく、業者に発注した。そして、附祭には欠かせない歌舞音曲を披露するプロの演者の選定もはじまる。

しかし、芸能界との交渉となると、氏子町が直接対応するのは難しかった。アマチュアでは無理であり、そこで企画のコーディネーター、芸能プロデューサーのような専門業者に請け負わせる方式が生まれてくる。

踊りの家元や三味線などの師匠、あるいは歌舞伎などの舞台関係者などが当番町の依頼を受け、演目や演者、踊り子の選定、そして演出全般にあたった。「餅は餅屋に」といったところだろう。

となれば、附祭の企画が協議されている最初の段階から、専門業者が介在したと見る方が自然である。歌舞音曲を伴う踊り屋台や地走り踊りだけでなく、練り物の企画についても関わっていたはずだ。当番町からの委託を受け、附祭に関する諸々の事務の取りまとめ役を務めたのである。

具体的に見てみよう。

嘉永四年（一八五一）は神田祭の年で、附祭は蠟燭町・関口町（二十二番組）、新石町《しんこくちょう》一丁目（二十五番組）、横大工町（二十九番組）が担当した。各附祭のそれぞれの出し物ごとに請負人が定められている。

例えば、新石町一丁目の踊り屋台は、同町の中村金枝、地走り踊りは浅草東仲町の駿州屋善兵衛、練り物は坂本町の清元福寿太夫が請け負った。各請負人が浄瑠璃・三味線・長唄を担当するプロの演者を集めてきたが、踊り手が必要な場合は踊りの師匠を通じて人数を確保しただろう。

演者が決まると、その名簿が当番町によって作成され、祭礼取扱掛の名主を通じて町年寄に提出された。独楽回しなどの芸が披露された御雇祭の場合も、同様に請負人に委託してプロの芸人を集め、その名前が報告された。

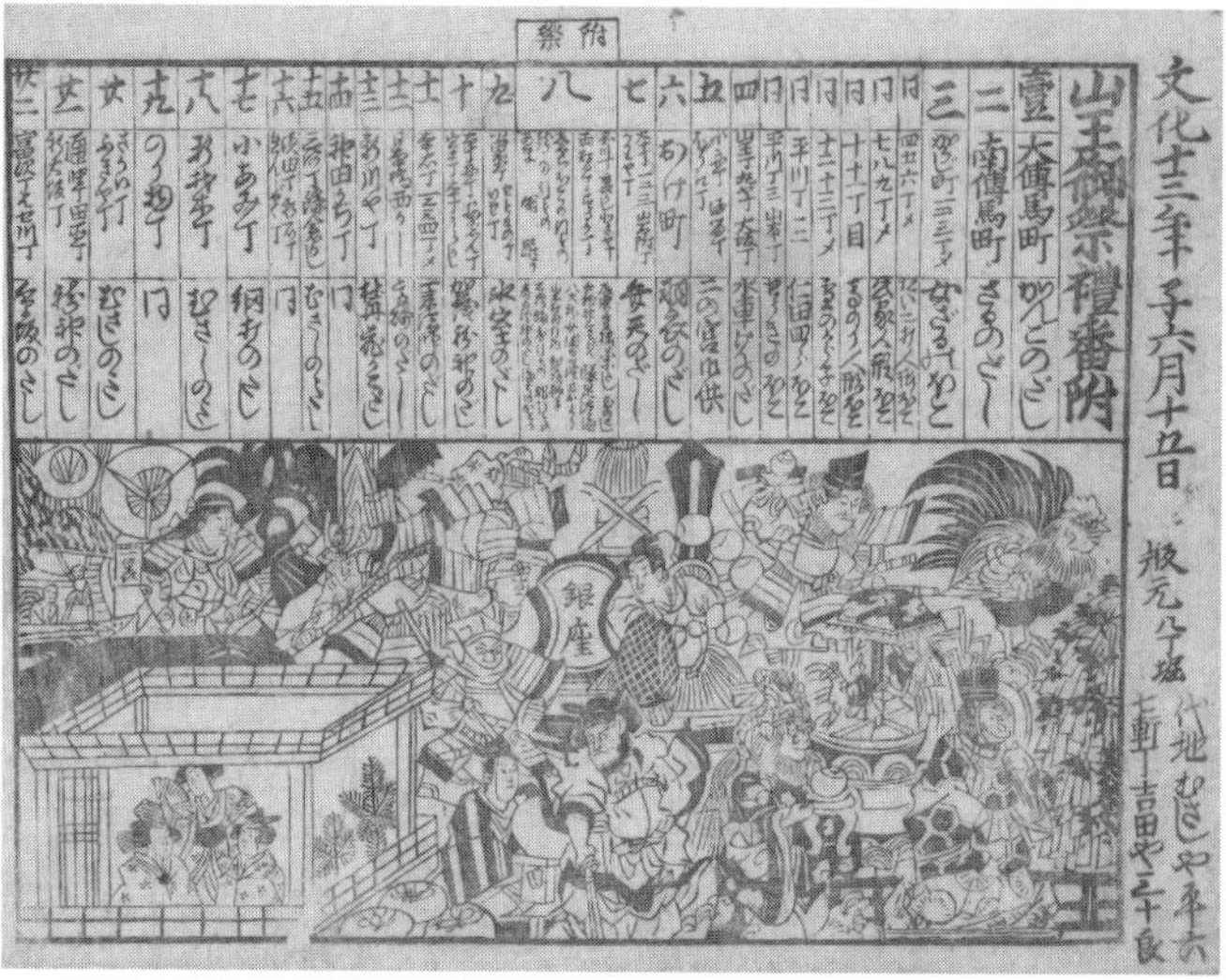


江戸土産としても人気が高かった、絵入りの「祭礼番附」（「江戸御祭礼番付」＝国立国会図書館蔵）

## 業務用と販売用、二種類の祭礼番附

専門業者の助けも借りて天下祭の準備が着々と進行するなか、「祭礼番附」と総称された刷り物が附祭の当番町によって作成される。

祭礼番附には①当日の祭礼行列の詳細（「番附帳」）

②附祭に参加する演者や芸人の名簿（「芸人名前帳」）

③附祭で披露される長唄や浄瑠璃の文句集（「唄浄瑠璃文句三場所合帳」）の三種類があった。

②の名簿には演者たちの名前、

住所、年齢、担当の楽器などの情報まで記録された。これらのデータによって、祭礼参加者が氏子町以外からも集められていた実態が判明するのである。

祭礼番附とは、すなわち祭礼の台本である。もともとは天下祭を監督する立場の町奉行所からの要請により作成された。番附を通じて祭礼の内容や行列の順番を事前に把握した上で、当日は番附を見ながら、そのとおりに祭礼が進行しているか否かを確認した。幕府のコントロールのもと、天下祭を執行させたい意図が込められた刷り物と言えよう。

附祭の企画全般を専門業者に請け負わせたように、当番町では祭礼番附の作成を絵草子問屋に委託している。幕末の神田祭で見ると、絵草子や錦絵を刊行する版元として知られた鍛冶町二丁目の太田屋佐吉と馬喰町二丁目の森屋治兵衛が祭礼番附の製作を請け負った。

先の嘉永四年神田祭の事例では、祭礼番附が二千四百部ずつ刷られ、八月末には附祭を担当する当番町三つに千五百三十五部ずつ、町奉行所には八百六十五部ずつ納入された。その後、町奉行所から老中・若年寄などの幕閣に届けられた。

この祭礼番附は祭礼を滞りなく執行するための業務用資料であり、本来は非売品だった。関係者以外に配布されることはなかったが、いつしか市販が許可される。

許可された版元は祭礼番附の作成を請け負った絵草子問屋であった。祭礼前に販売すれば需要があると見込み、市販の許可を取ったに違いない。

ただし、そのまま市販したのではない。絵入りのものとして、改めて市販用の番附が制作された。業務用資料の祭礼番附は文字のみのデータであり、このままでは売れないと判断し、絵入りにしたのだろう。

市販された祭礼番附には、祭礼行列の先頭から最後尾までの構成を描いた一枚刷り、あるいは二、三枚刷りのものが多かった。浄瑠璃や長唄の文句、附祭に参加する演者などの情報を追加した冊子仕立てのものまで市販されている。

いわば二次利用であるから製作費は安く上がり、冊子仕立てでも八十文で売られた。掛け蕎麦一杯十六文の五倍だから、さほど高価ではない。一枚刷りならば、もっと安く買えた。瓦版売りと似た格好の祭礼番附売りが市中に現れるのが、祭礼前の風物詩となっていた。参加者や見物を予定している者が買い求めたほか、江戸の名所を描いた名所絵のように江戸土産としても買われた。

祭礼行列の見物には欠かせない安価なパンフレットとして、祭礼番附は人気を博した。製作を請け負った版元からすれば、市販による売り上げは余得といったところであった。

## 参加者の衣裳チェックと前日リハーサル

一方、主催する神社側が動きはじめるのは、祭礼約一カ月前の八月上旬の頃である。祭礼に限らず、寺社主催の行事は寺社奉行の管轄とされており、祭礼の執行も寺社奉行の許可が要件であった。幕府が関与する天下祭となればなおさら神経を使ったことだろう。寺社奉行から執行許可の指令が下ると、神社側は具体的な手続きに入っていく。

社殿の畳替えと、神輿が巡行中にとどまる御仮屋《おかりや》の設置を願う書面のほか、町奉行所の同心たちを神輿警備のため出役させて欲しい、神輿巡行中は道筋の各町の木戸を閉めて欲しいなどの書面も提出し、許可されるのがルーティーンとなっていた。

その後、寺社奉行から町奉行に要請が入り、神社側と江戸町奉行所のやり取りが開始される。実際のところは、町奉行所の意を受けた祭礼取締掛の名主とのやり取りだった。

一方、氏子町には恒例どおり山車を出すこと、特に大伝馬町、南伝馬町、小舟町《こぶなちょう》には神輿行列の人足の奉仕を要請している。これも恒例だった。

附祭に関する要請は見られないが、余興という位置付けが理由だろう。

神輿巡行に際しては、氏子圏に藩の屋敷を持つ大名や旗本が神馬《しんめ》、神職の乗る馬、長柄などを神輿行列に出すことになっていた。その依頼も行っている。

九月に入ると、祭礼に参加する者たちの衣裳を改めている。将軍の上覧を受けるのだから、好き勝手な衣裳は身に着けられなかった。それらしい秩序と礼儀をもって執行されなければならない天下祭としての縛りがあった。

祭礼行列の道筋（巡行路）については町奉行所に届け出た上で、その許可を得ることが義務付けられた。当日、道筋は通行止めになるからだ。そうした事情は、現代もまったく同様である。

祭礼の二、三日前には業者に製作を発注していた練り物用の造り物が出来上がるが、ぶっつけ本番というわけにはいかない。前日に曳いている。

もちろん、山車も曳く必要があった。附祭に関しては練り物のほか、歌舞音曲のリハーサルも必要だった。そこでは、祭礼取締掛の名主によるチェックがあっただろう。歌舞音曲を披露する人々が、リハーサルの前から何度も練習を重ねていたのは言うまでもない。

神田祭執行までの準備過程を追ってきたが、山王祭の場合も同様の流れだったはずである。

## （4） 祭礼当日の喧騒と江戸入城

### 禁断の江戸城内に入った祭礼行列

では、天下祭当日の様子を、主に神田祭を事例として復元してみよう。

九月十五日の午前二時（丑の刻）。神田明神の南に隣接する湯島聖堂前の桜馬場に、氏子町の山車や附祭に参加する人々が集合する。町奉行所と寺社奉行所双方から検使役が出張してきて、祭礼前のチェックを行った。チェックが終わると、神田明神の鳥居から神輿行列が出てくるのを待ち、合流した。

ここに、祭礼行列が完成する。先頭の一番組・大伝馬町の山車から氏子町への巡行が開始された。

江戸城内に入るまでは町奉行所の監視下にあり、内郭の城門を潜ってからは目付の監視下に入った。目付はもともと幕臣の行状や幕府役人の勤務状況の監察を任務としたが、天下祭の際には城内に繰り込んだ祭礼行列の監察も担当した。

城外つまり江戸市中での巡行を取り締まった町奉行所では、祭礼出役に任命した与力・同心を現場に出張させている。出役の与力は騎馬で、同心は徒歩で向かい、行列の順番や巡行のルートが守られているかなどをチェックした。

その際に必携だったのが、先に紹介した業務用の祭礼番附である。これを見ながら、行列が予定どおり進行しているか確認している。

行列には氏子町の名主や祭礼取締掛の名主も同行した。祭礼が予定どおりに進行するよう細心の注意を払ったが、これから述べるとおり、実際の進行はどうしても遅れがちだった。

しかし、絶対に時間に遅れることが許されない場所があった。城内の吹上御庭の一角に設けられた上覧所である。

神田祭は内郭門のうち田安門から城内に入り、上覧所に向かった。上覧を受けた後は、同じく内郭門の竹橋門から退出した。山王祭の場合は半蔵門から城内に入って、竹橋門から出るのが習いだった。

城内に入る時は、町奉行所の与力・同心と目付配下の徒目付が立ち会った。そして城内に繰り込むと、先述のように目付の監視下に入る。

田安門から城内に繰り込んだ神田祭の行列は、北の丸を通過して上覧所に向かう。北の丸には徳川一門の田安徳川家と清水徳川家の屋敷があった。行列は両家の屋敷の間を進んだが、業務用の祭礼番附は両家にも届けられた。将軍が上覧する前に、両家の当主たちも屋敷で見物したことは明らかだろう。

両家屋敷を通過したところに、馬場があった。その先に上覧所があり、行列は馬場で昼食を取っている。昼食後、上覧所へと向かった。

上覧所に到着した祭礼行列を見物したのは将軍だけではない。御台所をはじめとする大奥の奥女中のほか、老中・若年寄などの幕閣、将軍側近の側衆《そばしゅう》たちも御相伴にあずかる形で見物した。業務用の祭礼番附は幕閣や側衆たちにも届けられていた。

なかでも楽しみにされていたのは附祭の華やかな歌舞音曲、御雇祭のプロの芸人による独楽回しや獅子舞、皿回しなどの芸だった。そもそも、御雇祭は大奥からの要望に応えた出し物であることは既に述べたとおりだ。

その後、祭礼行列は竹橋門に向かう。竹橋門を潜って城外に出ると、町奉行所の監視下に再び入った。城内では緊張感のもとで整然としていたが、城外に出るや否や、解放感から行列は乱れ、騒然となるのがお決まりの光景となっていた。

## 進行を遅延させた大名屋敷の武士と女性

祭礼行列が潜った城門は田安・半蔵門や竹橋門だけではなかった。江戸城には内堀に面した内郭門以外にも、外堀に面した外郭門も数多くあった。神田祭の場合は神田橋門や筋違橋門なども通過している。

各城門は通常、大名や旗本が交代で警備に当たった。天下祭の時は行列がスムーズに通行できるよう、通行止めなどの規制も行った。ところが、大名や旗本はそれにかこつけて大いに見物を楽しんだようだ。

また、氏子圏にある大名屋敷の前や氏子町も練り歩いたが、大名屋敷の前には物見所が設けられることが少なくなかった。大名やその正室が祭礼を見物するための特等席だった。行列が物見所を通過する際は、その所望を受けて芸や踊りを披露するのが通例である。その後、ご祝儀を受け取る流れだった。一連のパフォーマンスと御祝儀で、お互いが盛り上がったことは間違いない。

両天下祭を見物した先述の山本政恒も、芸や踊りを披露する演者は非常に気張ったと証言している。

だが、そうした光景が大名屋敷の前で繰り返されることで、行列の進行が遅れてしまうのもまた事実だった。大身の旗本屋敷の前でも同様の光景が繰り広げられたことだろう。

道筋にあたる商家では店を休みにして、店先に桟敷席を設ける事例も見られた。親族や知人、お得意さんを招待して見物させた。桟敷席には金屏風を立て、飲食や音曲を楽しんだ。幼少だった頃の山本が良き思い出として語ったのが、まさにこれである。

見物に際しては神輿を二階から見てはいけないという触れも出されていたが、山車や附祭の行列が通過する際は、その対象外だった。山車の巡行を取り上げた『江戸名所図会』の挿絵でも、二階から見物する様子が描かれている。

## いよいよ最後、お礼参りと収支決算

竹橋門から城外に出た神田祭の行列は、その後、必ず立ち寄る場所があった。神田明神が現在地に移る前に鎮座していた場所である。そこで奉幣の儀式が執り行われる。

儀式が終わると、東に向かい、常盤橋門《ときわばしもん》を越え、日本橋の氏子町に入っていく。再び神田の氏子町に戻って神輿行列が帰社するのは午後八時頃であった。

こうして、将軍の御威光のアップや江戸の経済活性化の目論見が込められた天下祭の長い一日は終わった。江戸の町は非日常から日常の世界へと戻る。だが、祭礼はまだ終わりではなかった。

神田祭翌日の九月十六日、祭礼に参加した人々はその時の衣裳を再び着用して神田明神に参拝した。無事に執り行えたことへのお礼参りである。祭礼の熱気がまだ冷めやらず、その様子を見物しようと群衆が押し寄せている。

十七日には祭礼に伴う潔斎が解かれ、名実ともに祭りは終了する。

一方、氏子町は幹事役を務めた祭礼取締掛の名主のもと、残務処理に入る。何よりも会計処理を行わなければならない。予算を超過した場合は不足分を氏子町に割り当てた。

すべての残務処理が完了するのは十一月に入ってからだった。準備に取り掛かってから約五カ月の月日が経過していた。こうしたルーティーンが山王権現・神田明神の氏子町では隔年で繰り返されたのである。（岸川雅範『江戸天下祭の研究―近世近代における神田祭の持続と変容』岩田書院。滝口正哉『江戸の祭礼と寺社文化』同成社）

# 第五章

# 開帳という大規模イベントの裏表

## 成功と失敗の法則

境内に置かれた、ありがたい仏様（「江戸名所記」〈部分〉＝国立国会図書館蔵）

## （1）「出たとこ勝負」の御開帳

### 寺社修復は自力が原則だが

江戸の町で人気の大規模イベントと言えば、前章で取り上げた天下祭が最大のものであった。だが、祭りは年に一回だけの行事である。実は、祭礼のような賑やかなイベントが、月によっては週一回ぐらいのペースで行われていたことはあまり知られていない。そのイベントとは、境内を会場とした寺社主催の「開帳」である。

開帳とは秘仏などを期間限定で公開して信徒に結縁《けちえん》の機会を与える宗教的行事のことで、江戸時代ほど頻繁に行われた時代はない。特に地方の寺社が江戸に出張する形で開帳した江戸出開帳《でがいちょう》が盛んだった。その背景には寺社が抱える次のような財政事情が指摘できよう。

寺社は自身が所持する土地（寺社領）から徴収する年貢などの定収入と、加えて檀家や氏子からの物心両面のバックアップによって仏事や神事を執り行った。しかし、堂舎の大修復などで莫大な臨時出費が予想される場合、それだけではとても足りなかった。

寺社側としては幕府の費用で修復してもらえれば言うことはないが、その恩恵にあずかれるのは寛永寺・増上寺クラスの寺院だけである。歴代将軍の霊廟《れいびょう》を管理する寺院である以上、国家予算で維持されるのは当然と言えなくもない。将軍が檀家であることの強みが、いかんなく発揮された格好であった。

幕府費用による修復をAランクの助成とすると、修復費の助成金を給付されたり、あるいは拝借金を許されたりするのはBランクとなる。幕府の懐が痛む以上、その恩恵にあずかれる寺社は将軍との距離で決められた。将軍との縁故が深ければ深いほど有利だったが、この枠に入れるのはごく一部の寺社にとどまる。ほとんどの寺院は幕府の費用による修復など夢のまた夢で、自力で修復費を集めなければならなかった。

宝暦七年（一七五七）五月、幕府に頼ることなく、寺社領そして「世間之助力」で修復にあたるよう寺社に命じる法令が出される。幕府に修復費の補助を嘆願する寺社の数があまりに多かったことを受けての布告であった。願いをいちいち認めていては際限がなく、何よりも財政が耐えられない。

しかし、単に突き放したのではなかった。幕府の懐が痛まない巧妙な寺社助成策が並行して取られていた。その一つが幕府公認の「勧化《かんげ》」という手法である。

勧化とは普通、金品の寄進を求めることで、あくまで信者の意思に任せられていた。つまり、幕府の許可を受けずとも勧化は可能だが、幕府の許可を受けたとなると、半ば義務的なものとして捉えられる。寺社としては、そこに期待した。

一方、幕府は寄進するよう命じるだけであり、懐は痛まない。Cランクの助成と言えるだろう。

勧化には全国が対象の場合もあれば、江戸だけ、数カ国だけというパターンも見られる。幕府の許可を得ているため、当該寺社が勧化のため巡行してくる旨の御触がその地域には出された。まさに、幕府のお墨付きを得た勧化であった。

多くの寺社がお墨付きを望んだが、際限なく認めると幕府の権威が低下する恐れがあった。認可件数は年間で数件に絞らざるを得なかった。

## 寺社を救う江戸出開帳の原則

開帳でも幕府の巧妙な寺社助成策が取られた（比留間尚『江戸の開帳』吉川弘文館を参照した）。

そもそも開帳は勧化とは異なり、寺社が自由に行えるものではなく、幕府や藩の許可を事前に取り付ける必要があった。幕府直轄地である江戸での開帳の場合は寺社奉行の許可が要件とされた。

宗教的行事とはいえ、寺社側としては開帳時に集まるお賽銭《さいせん》や奉納金などの浄財を大いに期待した。堂舎の修復費を確保しようとはかったわけだが、幕府は開帳を許可制とすることで、幕府の求心力を高めようと目論む。

開帳には自身の境内で行う「居開帳《いがいちょう》」と、他の寺社の境内で行う「出開帳」の二種類があった。出開帳の場合は土地を借りる寺社に地代を支払い、秘仏を安置する小屋を設営することになる。

地方の寺社の間で江戸での出開帳が人気を博したのは、最も多額の浄財が期待できたからである。百万人もの定住人口はたいへん魅力的だった。江戸の場合はそれだけでなく、仕事や旅行で訪れる者も多く、期待は大きかった。

その土地で催す居開帳は、領主の許可を得るだけでよかったが、出開帳の場合はそこの領主の許可も併せて取り付けなければならない。例えば、江戸出開帳を通じて全国区の寺院に成長した成田山新勝寺は、領主である下総佐倉藩の許可に加え、寺社奉行の許可も得る必要があった。

開帳はじめエンターテインメントが繰り広げられた浅草寺（「広重東都名所 浅草金竜山」歌川広重画＝国立国会図書館蔵）

幕府は江戸での開帳について、いくつかの原則を定めている。

全体では春・夏・秋・冬それぞれ五カ所以内。つまり年間で二十カ所以内に限定した。同じ寺社の場合は特別の理由がない限り、三十三年に一度の割合でしか開帳を許可しなかった。開帳期間は六十日間である。

相当の臨時収入を期待できたため、江戸出開帳を希望する寺社は多かった。そうした事情は居開帳を行う江戸市中の寺社にしても同じだが、幕府は居開帳・出開帳に限らず、江戸での開帳を年間二十カ所に制限していた。

しかし、寺社側は何かと理由を付け、開帳の許可を引き出そうと幕府に運動する。許可権を持つ寺社奉行に様々なルートを通じて掛け合った。その結果、三十三年を待たずして許可された寺社も少なくない。

浅草寺などは江戸時代を通じて三十回余も居開帳を行っており、十年にも満たない間隔だった。三十三年に一度の順年開帳のほか、「落成開帳」、「助成開帳」、「縁起開帳」、「御成跡開帳」、「祈願開帳」という名目で執り行われた。

落成開帳は本堂の再建や、大修繕の落成記念として許可されたもの。助成開帳は本堂の修復費を得ることを理由に許可されたもの。縁起開帳は浅草寺本尊の観音が隅田川から出現してから千年目、千五十年目など節目の年にあたることが理由である。いずれも年間の定数二十カ所以内の一つだった。

御成跡開帳は将軍が浅草寺の本尊を参拝した後、その恩恵を江戸の町にも分け与えたいと寺側が申し出て、将軍参詣後の開帳という形で許可されたもの。祈願開帳は将軍に世継ぎ誕生などの慶事があった際、お祝いと若君の無事息災を祈願する名目で許されたものであった。

将軍にまつわる二つは定数外の扱いとなっていた。成田山も最初の出開帳の年である元禄十六年（一七〇三）から百五十年ほどの間で、計十回も江戸出開帳を行っている。

季節ごと五カ所以内の原則は、江戸中期以降になると、春から夏の盛り前までの期間に集中するようになる。寒い時期では集客が見込めず、暑すぎても同じ恐れがあったということなのだろう。

## 会場の立地環境が決め手

出開帳の会場として選ばれたのは、隅田川を挟む浅草・本所・深川エリアの寺社が多かった。最も使用されたのは本所の回向院であり、深川の永代寺、浅草の浅草寺と続く。とりわけ回向院は、毎月のように違った寺社が出開帳する年もあれば、同じ月に複数の寺社が同じ境内で出開帳する年もあった。

現在も両国国技館の近くに鎮座する回向院が創建されたきっかけは、明暦三年（一六五七）一月の明暦の大火である。死者十万人を超える江戸最大の火災だったが、その後幕府は被災者を慰霊するため本所で追善法要を執り行った。

これが無縁寺回向院のはじまりだった。境内の規模は五千百十一坪。そうした創建までの由緒を踏まえ、災害などで命を落とした無縁の霊を供養する数多くの石塔が今も立っている。

境内には庶民の信仰を集める神仏が数多く鎮座し、それぞれ札所となっていた。このため、札所めぐりの参詣人が絶えず訪れた。例えば、心を込めて念じれば祈願が一言で成就するという「一言観音」は、江戸三十三カ所観音の二十七番札所であった。

だが、回向院が出開帳の会場として人気を集めた理由は、何よりも立地環境の良さにあった。すぐ近くを流れる隅田川には両国橋が架かっている。当時、両国橋は人の往来が非常に激しかった。江戸の中心部の下町と新開地の本所を結ぶ数少ないルートだったからである。

そんな人通りの多さに目を付け、東西の橋のたもとに設けられた広小路には飲食や娯楽を提供する店が数多く立ち並んでいく。こうして、江戸で一、二を争う歓楽街である両国東西広小路が誕生した。

その両国広小路に隣接したことが、回向院の強力な集客力の源泉となっていた。歓楽街には江戸っ子や観光客があふれるようだったからだ。

納涼の時節になると、隅田川への人出が増えるため広小路そして回向院の集客力はいっそう高まる。この時期に回向院を会場として開帳を行えば、流行らないことはないとも評

御利益を求めて大混雑の回向院（「江戸名所図会・回向院開帳参」＝国立国会図書館蔵）

されたほどであった。（『遊歴雑記』）

開帳場の様子を覗いてみよう。

右の図は回向院での開帳の様子を描いた『江戸名所図会』の一コマ「回向院開帳参」である。天幕の奥に、江戸まで出張してきた秘仏が安置された。

天幕から左端の角塔婆《かくとうば》（回向塔）まで張られている綱は、秘仏の手と塔婆を結ぶ「御手綱《おてづな》」であった。参詣者はこの御手綱を強く握りしめることで、開帳された秘仏の手に直接触れたことになり、御利益にあずかるというからくりだ。綱を摑んでいる町人の姿も数人確認できる。

天幕の下に立つ僧侶は秘仏の御利益や寺院の由来などを解説する。近くでは裃姿の男性が御札や御守りなどを販売している。机には、「御影《みかげ》」「開運御守」という張り紙がある。

「御影」とは仏像を描いた一枚ものの刷り物のことで、開帳中の秘仏の姿が描かれた御札だ。様々な関連グッズが売られていた。

見えづらいが、図の下には、奉納者の名前が書かれた提灯がある。「富本豊前太夫」と書かれているので、浄瑠璃の師匠が奉納したことが分かる。奉納者にとり、開帳場はＰＲの場でもあった。この図には描かれていないが、開帳小屋にはその寺社ゆかりの霊宝も陳列されるのが定番だった。

回向院については開帳小屋の規模や設営費、そして土地の賃貸料が判明している。大規模な開帳の場合は間口十八間（約三十二メートル）、奥行き八間半（約十五メートル）の規模（建坪百五十三坪）で設営費は三百両、賃貸料は四十両が相場だった。中規模ならば設営費は二百三十両で、賃貸料は三十両。小規模の開帳は設営費百五十両で、賃貸料二十両。大規模な開帳で借用した土地は広くても五百坪ほどであった。

## 浅草寺境内には、百六十九体もの神仏が集合！

回向院には及ばなかったものの、浅草寺も江戸出開帳の会場として人気が高かった。

江戸はおろか日本を代表する寺院である浅草寺は、推古天皇三十六年（六二八）草創という古刹だ。現在でも広大な境内を誇るが、江戸の頃はもっと広かった。

貞享二年（一六八五）の調査によると、境内地は三十八町一反七畝にも達した。坪数にすると、十一万四千五百坪余もの巨大な信仰空間であった。現在、俳優や喜劇人の手形に出会える浅草公会堂や浅草六区と称される繁華街も、かつては浅草寺境内だった。今の台東区浅草一丁目と二丁目のまるまる全域である。

境内中央部に位置する本堂には本尊の浅草観音が祀られたが、境内の神仏は観音様だけではない。境内全体で百六十九体もの神仏が祀られていた。

すなわち、浅草寺境内には観音信仰以外の参詣者、つまりは百六十九体の神仏それぞれの信者が、御利益を求めて集まってきた。神仏には月ごとの縁日がそれぞれあるため、境内は「毎日が縁日」とでも言えるような世界だった。そこに祀られる多数の神仏の存在は、浅草寺の図抜けた集客力の源泉であった。

境内そして門前には、参詣者をターゲットとした茶屋などの飲食店や土産物店が数多く出店していた。それだけでなく、生活用品を売る店も多かった。飲食街やショッピングセンターとしての顔も持ったことで、いきおい浅草寺の集客力は増す。参詣者のみならず買い物客も、自然と集まってきたからである。

そんな強力な集客力を背景に、浅草寺は江戸時代を通じて出開帳を行ったことがなかった。居開帳だけである。言うまでもなく、わざわざ別の場所に出掛けて参詣者を集める必要がなかったのだ。当然、地方の寺社の間では浅草寺は人気があった。

開帳中の浅草寺境内の様子を日記に書き留めた大名がいる。柳沢吉保の孫にあたる大和郡山藩二代目藩主の柳沢信鴻《のぶとき》である。信鴻は安永二年（一七七三）に長男保光に藩主の座を譲ると、悠々自適な隠居生活を江戸屋敷で送った。その屋敷こそ都立庭園の一つである六義園である。

信鴻は江戸の名所を訪ね歩くことにたいへん熱心だった。

安永六年（一七七七）三月二十日から二カ月間、浅草寺では本尊の出現千百五十年記念の縁起開帳が行われた。翌二十一日、好奇心旺盛な信鴻も浅草寺に出掛けているが、向かった先は境内の見世物小屋の方だった。

自筆の日記（『宴遊日記』）からは、軽業師の芸を堪能している様子が窺える。その軽業師は左手に青傘を持ちながら綱の上を駒下駄で渡り、渡り切った後は居合抜きの芸を見せたという。二十四日には、操り芝居の小屋に入って人形浄瑠璃を見ている。

寺社の境内には宮地芝居と称された芝居小屋や見世物小屋、浄瑠璃の小屋もあったことが分かる。第三章で取り上げた、講談や落語、物真似、手品などの芸を披露する寄席の小屋も常設されていた。

浅草寺に限ったことではないが、寺社の境内は信仰心を満たすだけでなく、飲食、ショッピング、そして娯楽も楽しめる魅力ある信仰空間だった。芝居町のような一大アミューズメントパークとしての顔も持っていた。

そのようなエンタメ空間であったことも、寺社が集客力を増す要因となる。寺社境内を取り上げた浮世絵でも、そんな賑やかな様子が活写されることが多かった。

### 天候不順と流行病には勝てない

浅草寺では文化四年（一八〇七）八月一日より居開帳を行った。収入は二千六百二十八両余。支出は五百二十八両。差し引き二千百両ほどの収益であった。

今回の開帳は修復費の捻出が目的だったが、実際に修復費に回されたのは九百両ほどという。開帳期間は五十日間が予定されていたが、二十日間の延長が許されたことで都合七十日間の開帳となった。

収入の内訳は、賽銭額が銭六千四十三貫文（金千五百両余）で、その過半を占めた。同年の賽銭総額は銭一万二千七十一貫文（金三千両余）であるから、半分を二カ月ほどで集めた計算だ。開帳の集客力、つまりは集金力の凄さがよく分かる。

収入の残り千両ほどは、信徒の集まりである講中や門前町からの奉納金、そして護摩料だった。そのなかで目を引くのは、門前町からの五百九十一両三分である。

開帳によって浅草寺への参詣者が増えれば、門前町の店も恩恵を受ける。いわば御礼の形で奉納したわけだが、門前町側が奉納額以上の経済効果を期待したことは言うまでもない。（長島憲子『近世浅草寺の経済構造』岩田書院）

しかし、文化四年の開帳は、浅草寺の見込みを大きく外れる結果に終わった。

開帳期間中、境内の店は地代・運上金を増額して浅草寺に納める約束になっていた。翌年の決算数字によれば、その数は二百九十二店となっている。

通常より多い客を想定し、そのぶん運上金などを増額したのだが、この開帳は見込みよりも参詣者が少なかった。そのため、開帳が終わる直前になって、増額分は半分のみ納入すればよいと浅草寺から通達されている。

折しも、期間中が雨天続きであった上に、麻疹《はしか》の大流行により参詣者が伸び悩んだことが理由だった。麻疹は感染症である。外出を恐れた結果、江戸の町の人出が減ったことで、おのずから参詣者も減ったのである。

同様の事例は少なくない。時期は戻るが、享和三年（一八〇三）四月からはじまった浅草寺を会場とする信濃・善光寺の出開帳は参詣者が非常に少なかった。そのため、善光寺の江戸出開帳では収支が初めて赤字に転落したという。開帳開始直後の四月から六月まで、江戸の町では同じように麻疹が流行したからであった。

回向院を会場とした事例では、収支が大赤字となって帰りの路銀さえ捻出できなかったことまである。

天明元年（一七八一）四月から、京都嵯峨の二尊教院の本尊阿弥陀如来の出開帳がはじまったが、雨天続きであった上に風邪が流行したため、御多分に漏れず参詣者は少なかった。収益を挙げるどころか、大赤字のため帰りの旅費もない。二尊教院は、泣く泣く累代の霊宝を売り払って路銀を調達している。

江戸出開帳は相当の臨時収入を期待できたものの、時節によっては収支が赤字になる危険性を孕《はら》んでいた。開帳に関する記事も多い『遊歴雑記』には、場所柄、時節、天候の三つの要因次第で成否が決まるとの一節があるが、けだし至言だ。

人を集めるイベントの場合、場所は選べるが、時節や天候の変化となると人為の及ぶところではないのは今も江戸も変わりはない。

取り上げた善光寺や二尊教院などの事例で見ると、会場は浅草寺や回向院であるから申し分なかったが、天気には勝てなかった。その上、麻疹や風邪が大流行してしまったことで、思うような成果を挙げられなかったのである。

場所柄はともかく、天候などはどうにもならない以上、「出たとこ勝負」のリスクから逃れることはできなかった。

## (2) 娯楽と話題作りに頼った集客戦略

### 開帳札というポスター

そんなリスクがあったとはいえ、寺社側としては出開帳に伴う出費を回収して利益を上げなければならない。とりわけ地方から江戸にやって来る寺社にとって、不案内な土地での興行は諸事不安だったはずだ。

そこで、開帳師と呼ばれた興行プロモーターに委託することになる。しかし、金銭トラブルが絶えなかった。委託したからといって、期待した浄財が得られるとも限らなかった。しかし、自主興行にせよ、委託興行にせよ、開帳の成否を決めたのは何と言っても宣伝力だろう。そうした事情は居開帳を行う寺社についてもまったく同様である。

江戸出開帳を許可された寺社は、予告する開帳札を江戸の各所に立てた。開帳札とは開帳の日時と場所が記された立札のことで、事前のプロモーションとして重要なツールであった。今のポスターである。

日本橋や東海道沿いに位置する高輪大木戸など街道筋の要衝、浅草寺など寺社の門前、両国広小路などの盛り場に開帳札は立てられた。人が多く集まる場所はもちろん、街道筋にも立てている。江戸以外の地域からの参詣にも期待したことが分かる。だが、札の設置場所とその数は寺社に任せられた。ただし、設置に際してはあらかじめ幕府に届けておく必要があった。

以下、文化三年（一八〇六）三月一日開始の成田山出開帳（於深川永代寺）の際に立てられた開帳札の事例を見てみよう。（以下、『成田山新勝寺史料集』第五巻参照）

前年の十一月六日に開帳の許可が下りると、翌七日には都合二十カ所に開帳札を立てることを寺社奉行に届け出ている。八日に許可されたため、早速九日、十日の二日で各所に札を立てた。

こうして、江戸っ子は成田山による出開帳が来年三月に行われることを知る。

開帳札には大中小の三種類があり、一番大きい札は会場の永代寺門前。中の札は永代橋・両国広小路・浅草観音前（浅草寺前）・高輪大木戸。それ以外の場所には小の札が立てられた。いずれも、伽藍《がらん》修復のため来る文化三年三月一日より六十日間、成田山が永代寺で開帳を行うという文面だった。

開帳札を製作したのは永代寺門前に住む大工の山田五郎右衛門という者で、費用は七両一分二朱余。寺社側には札の管理が義務付けられたが、実際は謝礼金を支払って番人を雇い、管理に当たらせている。

開帳小屋の建設についても前もって寺社奉行に届け出て、その許可を得ることになっていた。開帳の許可が下りた翌日にあたる十一月七日、永代寺の広大な境内（六万五百八坪）のうち、富岡八幡宮本殿近くの四百九十四坪の地所を開帳場として借用したい旨の願書が提出されている。

左の図は、その願書に添えて提出された開帳小屋の見取り図である。その規模は間口十三間（約二十三メートル）、奥行十五間（約二十七メートル）の百九十五坪で、開帳小屋とし

## 開帳小屋見取り図

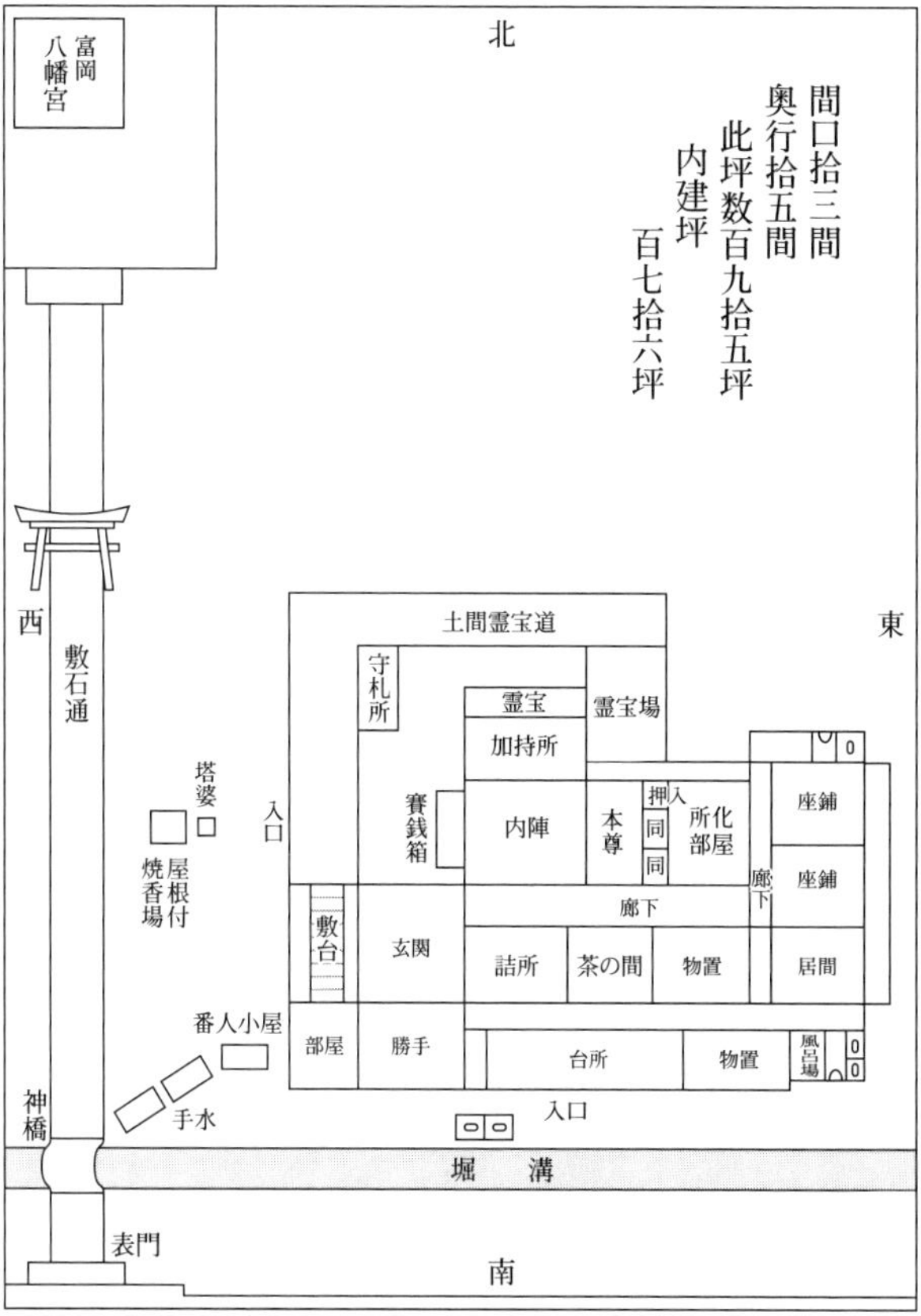


（『成田山新勝寺史料集』所収図から作成）

ては最大クラスの規模だった。板葺《ぶ》きの仮設小屋とはいえ、居間のほか台所・物置・風呂場まであった。開帳期間中、成田山の僧侶たちが寝起きしたのだろう。

永代寺境内を開帳場とすること、開帳小屋を建設することが寺社奉行から許可されたのは十一月二十八日である。ここに、来年三月の開帳に向けての下準備は、ひととおり終了した。

## 江戸の話題をさらった大パフォーマンス

事前のプロモーションは数カ月前に立てられた開帳札だけでは不十分である。開帳直前の話題作りが不可欠だった。

そこで、秘仏の本尊を守護して江戸に入る際には、当事者たる寺社の組織力を駆使した大パレードを敢行するのがお決まりのパターンとなった。

成田山の場合、本尊の不動明王（成田不動）が江戸に向かうのは開帳がはじまる約半月前のことである。本尊を納める厨子《ずし》や仏事に必要な諸道具を運ぶ人員も合わせると、出発時の人数は総勢百三十人ほどだが、その大半は成田山が鎮座する成田村の農民だった。

以下、天保四年（一八三三）三月二十日から開始された出開帳の事例から、本尊が開帳小屋に入るまでの過程を見ていこう。

本尊を奉じて江戸に向かう成田山一行は成田街道などを経由し、三泊四日の行程で深川の永代寺に到着する予定になっていた。江戸〜成田間は本来なら一泊二日の行程だが、一行が宿場などで休息するたびに接待を受けたり、あるいは金品や御神酒の奉納を受けたりするのが習いであり、そのぶんスローペースの道中となった。事実上、開帳はこの時からはじまっていた。

江戸入りの前日は日光街道千住宿で宿泊するのが慣例だ。だが、千住から会場の深川に直行したわけではない。江戸の繁華街や大店《おおだな》が立ち並ぶ日本橋界隈を、一日かけて練り歩いた。出開帳の開催を宣伝して回ったのである。

江戸入り当日の三月九日午前九時、千住宿を出立した成田山一行が最初に向かったのは、江戸で遊女商売が唯一公認された吉原だった。一行が吉原に向かった理由は二つ挙げられるだろう。

一つの理由は、吉原が大勢の遊客で日々賑わっていたことである。出開帳開催の情報が口コミで江戸の町に広まっていくのを期待した。

もう一つの理由は、吉原で遊郭を経営する者たちが有力な支持基盤だったことである。

彼らは「新吉原御神酒講」という講、つまり信徒集団（成田講）を結成し、成田山を厚く信仰していた。一行が吉原に立ち寄った際には、多額の金品を奉納したに違いない。

ただし、輿に載せられた本尊は入り口の大門を潜ることはなく、その前に置かれた。大門前での休息中、一行は吉原の成田講から赤飯を振る舞われている。

そうこうするうちに、成田講のメンバーが江戸の各所から続々と到着する。深川まで同行するため駆け付けてきたのだ。吉原の成田講からは同じく赤飯が振る舞われている。

吉原を出ると、いよいよ日本橋に向かって進んでいく。その間も成田講のメンバーが次々と一行に加わった。永代寺に到着した時には、一行の人数は総勢千人以上にも膨れ上がる。

この大行列の頭上には、「成田山開帳」という大きな幟がひるがえっていた。成田講の組織力を見せつけるような行列であった。

当然、江戸の話題をさらう。それが成田山の狙いでもあったが、いやが上にも熱気で興奮状態となり、トラブルが起きるのは避けられなかった。

そのため、一行には江戸の治安を預かる町奉行所から同心が派遣され、永代寺まで同行するのが慣例となっていた。警備のため出張してきた同心に、成田山では心付けや昼御飯を用意している。

日本橋では駿河町の呉服屋越後屋（三井家）に立ち寄っている。本尊を載せた輿は店の中に入れられ、お神酒が供えられた。行列に加わった成田講の面々には、ここでも赤飯が振る舞われた。三井家以外の大店にも一行は立ち寄っている。その折にも多額の金品が奉納されたはずだ。

一行が隅田川に架かる永代橋を渡って永代寺に到着する頃には、もう午後五時を回っていた。一日がかりの大デモンストレーションだった。

ド派手な江戸入りのパフォーマンスを敢行することで、成田山の出開帳は江戸っ子の大きな話題になったことだろう。

## 持ちつ持たれつの歌舞伎と開帳

また、歌舞伎の発信力も大いに活用している。歌舞伎とのタイアップで大成功を収めた開帳こそ、他ならぬ成田山である。

元禄十六年（一七〇三）、成田山は永代寺で最初の江戸出開帳を行い莫大な収益を挙げている。借財をきれいに返済したばかりか、鐘楼《しょうろう》などの建立費まで得た。その最大の理由こそ、成田不動を厚く信仰する初代市川團十郎の存在である。

初代團十郎は父の代から成田山を信仰したが、子宝に恵まれないことが悩みの種だった。そこで成田山に子授けを祈願したところ、二代目團十郎となる九蔵《くぞう》を授かる。この霊験を非常に喜んだ團十郎は、元禄八年(一六九五)と同十年(一六九七)に舞台でみずから成田不動を演じ、仏恩に感謝した。

そして十六年にも、成田山の出開帳に合わせる形で三たび成田不動を演じた。何しろ團十郎は江戸一番の人気タレントである。森田座で演じた「成田山分身不動」は、計り知れない効果を生んだ。芝居を見た客が本物の成田不動を拝もうと、深川の開帳場まで大勢押し寄せたのだ。

逆に深川で成田不動を拝んだ江戸っ子が、生身の成田不動つまり團十郎を拝もうと森田座に押し寄せる流れも生まれた。相乗効果によって出開帳も舞台も大当たりを取り、舞台は興行期間が延長されたほどだった。

こうした成功体験が、成田山の江戸出開帳のモデルケースとなる。

この後、歴代の團十郎は江戸出開帳のたびに舞台で成田不動を演じた。出開帳の成功は言うに及ばず、成田山の知名度アップに大きく貢献したのである。團十郎は「成田屋」と称され、現代でも成田山の節分会の豆まきに参加するのが慣例だ。

元禄期は開帳ブームの時代とされるが、成田山の成功に続けとばかりに、多くの寺社が江戸で出開帳を行ったのだろう。

歌舞伎とのタイアップという宣伝手法は他の開帳でも確認できる。

赤穂浪士の墓所である泉岳寺で行われた寛延三年（一七五〇）の居開帳では、並行する形で「仮名手本四拾七文字」という題目の芝居が中村座で上演された。このように忠臣蔵ものの芝居が上演されるのがお約束となっており、開帳場の賑わいに貢献したことだろう。逆に泉岳寺の開帳が話題になることで、忠臣蔵を題材とした芝居の見物客も増えたはずだ。

身延山久遠寺《くおんじ》が本尊の祖師像を奉じて江戸で出開帳（於深川浄心寺）を行う時は、日蓮上人をテーマとする芝居が上演されるのも定番だった。このように、開帳を当て込んで創作・上演された芝居は「開帳物」と呼ばれた。

芝居だけでなく、黄表紙などの読み物や浮世絵でも開帳が取り上げられている。イラスト付きの読本である黄表紙では寺社の由来や霊験などが語られ、カラフルな浮世絵では華やかな開帳場の様子が描かれた。読む者や見る者に、開帳の場に出掛けてみたい気持ちが沸き上がる内容に仕立てられていた。

## 開帳の成否はイベント、見世物、霊宝次第

開帳を行う寺社はプロモーションに知恵を絞るだけでなく、期間中、様々なイベントを企画することで参詣者が増えるのを期待した。本来ならば御本尊の御利益に頼るべきだったが、背に腹は代えられなかった。

想定したほどの参詣客を呼び込めず、収支が赤字となった寺社は少なくない。霊宝を売り払って帰りの路銀を捻出した事例まであったことは既に述べた。開帳ブームが到来した元禄期とは風向きが変わり、その後、半世紀ほどが過ぎた十八世紀後半になると、開帳は「必ず成功するもの」ではなくなっていた。

いかに魅力あるイベントを企画して話題になるかどうかで集客、つまり開帳の成否は決まるというのが実情だった。

文化四年（一八〇七）に武蔵国・幸手《さって》の不動院が回向院で出開帳を行った時は大護摩と称し、大勢の山伏が素足で烈火の中を渡り歩くパフォーマンスを披露した。

文政四年（一八二一）の成田山の例では、当時大流行のカンカン踊りを永代寺境内で興行させた。カンカン踊りとは当時大流行していた唐人踊りのことである。落語の「らく

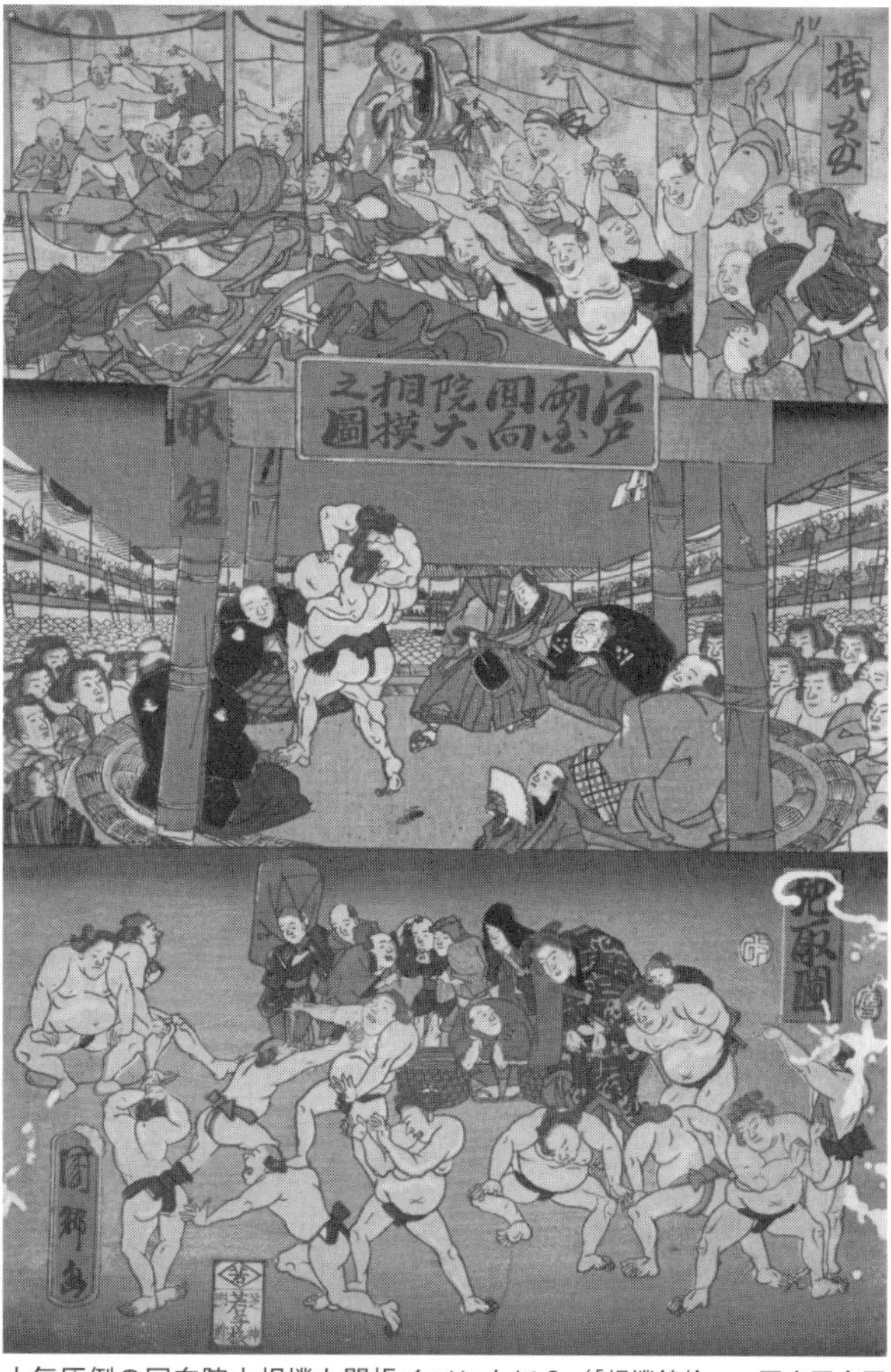


人気圧倒の回向院大相撲も開帳イベントに？（「相撲錦絵」＝国立国会図書館蔵）

だ」にも登場する。

寺社の境内には、芝居小屋や見世物小屋など江戸の娯楽が楽しめる施設がもともと置かれていたが、評判を呼んだ演目を開帳中に興行させることも珍しくなかった。

寛政五年（一七九三）に品川の海晏寺《かいあんじ》が行った居開帳では、三丈余（約九メートル）の大仏の見世物が話題を呼ぶ。総じて巨大な造り物は評判を取ったが、人々が押し寄せて喧嘩口論が絶えず、幕府からは新規の造り物の展示が禁止されたほどであった。

寺社側が結縁の機会を提供したのは本尊だけではない。寺院が所持する霊宝などの拝観も特別に許可して参詣者の増加を狙うのは、ごく当たり前のことになっていた。

五代将軍綱吉の生母・桂昌院のバックアップで創建された護国寺には、桂昌院ゆかりの品々が大切に保管されていた。息子の将軍綱吉から奉納されたものである。本尊の開帳時には、霊宝として参詣者に拝観を許すのが習いだった。桂昌院ゆかりの品は関心を呼び、開帳場は賑わう。

ところが、陳列された霊宝の一つが盗難に遭う。それ以後、開帳時の霊宝の展示は中止され、その結果、参詣者は減ってしまった。奇《く》しくも、本尊よりも霊宝の方が関心を呼んでいた現実が浮き彫りになった格好である。

寛政八年（一七九六）に催された泉岳寺の居開帳では、赤穂浪士の遺品を展示している。大石内蔵助が使った合図用の呼び子の笛、息子の大石主税が討ち入り時に身に着けていた衣服と頭巾が披露された。

一方で、こうした風潮には批判も強かった。本末転倒というわけだ。前出の『遊歴雑記』では、著書の十方庵敬順が次のように慨嘆している。

男女・貴賤《きせん》問わず、人の心は移ろいやすいものである。ある開帳での見世物が大きな評判を取ると、我も我もと千里の道も厭わずに開帳場に殺到する。だが、これでは見世物などを見物するついでに参詣することと同じだ。

開帳中の本尊が口を開くことができたならば、これは時代の変化と言うべきなのだろうか、濁り切った世の中の人の心は仕方のないものだ、と小言を言ったことだろう。

だが、このような流れを止めることはできなかったのである。

## （3）大奥での出開帳

### 大奥に食い込もうとする寺社

江戸出開帳を楽しんだのは町人だけではなかった。江戸住まいの武士や地方から出てきていた農民も参詣した。江戸城大奥や大名の江戸屋敷で働く奥女中たちも参詣している。

また、開帳終了後には秘蔵の神仏などが江戸城や江戸屋敷に上がり、将軍や大名の奥方、奥方に仕える奥女中を対象として、改めて開帳されることも珍しくはなかった。

そもそも、大奥と寺社は持ちつ持たれつの関係にあった。

将軍の家庭である大奥には正室（御台所）、側室、子女たちが生活し、奥女中も住み込みで勤務した。多い時には、奥女中の数は千人近くにも達した。

大奥で生活する女性は行動の自由が厳しく制限され、なかなか外に出られないイメージが強い。だが、奥女中の場合は、寺社参詣の名目で城外へ出るのは決して難しいことではなかった。

将軍が病気になると、平癒祈願のため、御台所や側室が懐妊すれば安産祈願のため、あるいは将軍の武運長久や天下泰平など、奥女中たちは様々な理由を付けて大奥の外に出ていた。将軍や御台所に関する何らかの祈願を名目として、寺社に参詣したのである。その手法が開帳の時にも使われた。

寺社側も奥女中たちの参詣を大いに歓迎した。経営上、大奥との人脈を作ることが非常に重要だったからである。

大奥を通じて将軍の権威と結び付くことで、当の寺社のブランドがアップし、参詣者の増加つまりは経営基盤の強化が期待できたのだ。そんな双方の思惑が一致した結果、大奥と寺院は持ちつ持たれつの関係となる。

大奥側は信仰の証しとして、仏事に用いる幕、仏像の前に掛ける戸張（帳）や水引（幕）、仏像が着用する袈裟《けさ》や衣などを寄進した。その品々には葵の紋所が入っていた。奥女中が窓口になるかたちで御台所や側室が帰依《きえ》した証しである。寺社側はこれに目を付ける。仏事や開帳の折に、寄進された葵の紋所入りの品をうやうやしく飾ったことは言うまでもないだろう。

寺社は大奥と結びつくことで、有形無形のメリットを得ていたのである。

## 護国寺と成田山に見る桂昌院の政治力

大奥をバックに大きなメリットを得た寺院と言えば、先に登場した護国寺は外せない。話は三代将軍家光の時代に遡る。

正保三年（一六四六）に、家光の側室お玉（後の桂昌院）は五代将軍となる綱吉を産んだ。上野《こうずけ》国高崎にあった護国寺の住職亮賢の祈禱により、男の子を授かったと言われる。そのため、桂昌院は亮賢に深く帰依したが、延宝八年（一六八〇）には我が子綱吉が五代将軍の座を射止める。兄にあたる四代将軍家綱に子どもがいなかったため、はからずも将軍職に就いたのだ。

桂昌院は将軍綱吉を介して幕府を動かし、亮賢を開山とする護国寺を江戸に創建する。亮賢の恩に報いた形だが、創建後も幕府の費用によって堂舎が整備されるなど、桂昌院と綱吉による物心両面のバックアップが続いた。

桂昌院と綱吉は護国寺を何度となく訪れているし、桂昌院が君臨する大奥からも大勢の奥女中が参詣した。右へ倣えではないが、全国の大名も参詣するようになるのは時間の問題だった。

その際、将軍や大奥、諸大名からは信仰の証しとして多額の金品が奉納されたことは言うまでもない。そうした浄財により、護国寺は富を蓄積していく。

将軍が参詣したと聞けば、江戸っ子としても行きたくなる。次々と参詣し、護国寺は大いに賑わった。門前には店が立ち並び、江戸の代表的な歓楽街として繁栄した。

桂昌院つまりは大奥の力をまざまざと見せつけられたことで、他の寺社も護国寺に続けとばかりに、大奥と接点を持とうといろいろ知恵を絞っただろう。こうして、奥女中の歓心を買うため、御利益があるとの触れ込みで御守りや御札などがとめどなく大奥に寄進されていくのである。

桂昌院は、成田山が全国区の寺院として飛躍する際にも一役買っている。

そのきっかけとなった元禄十六年の江戸出開帳の際、成田山はこれ以上ない栄誉に浴す。桂昌院の礼拝を受けるため、本尊の成田不動が江戸城に入ることを特別に許されたのだ。

桂昌院はもともと仏教を厚く信仰していたが、なかでも深く帰依した僧侶が二人いた。一人が前出の亮賢で、もう一人が真言宗の僧侶隆光である。綱吉の時代、隆光の勧めによって生類憐みの令が布告され、犬が非常に大事にされたことはよく知られているだろう。

隆光は同じ真言宗ということもあって成田山にはたいへん好意的だった。その奔走により桂昌院の礼拝を受ける栄誉に浴する運びとなる。

成田山の貫首・照範に守護された成田不動が桂昌院の住む江戸城三の丸御殿に入ったのは、出開帳終了から約一週間後の元禄十六年七月四日のことである。礼拝後、桂昌院は金十両などを奉納している。

江戸城内で将軍の母からの礼拝を受けた事実は、成田山の格を飛躍的に高めた。

成田山は桂昌院の篤信を得ただけでなく、領主の佐倉藩主・稲葉家のバックアップにより、諸大名の正室たちの篤信を得ることにも成功していた。

藩主・稲葉正通《まさみち》の正室は今回の出開帳に際し、信仰の証しとして「幡《ばん》」を二つ、成田山に奉納した。幡とは法要の場を荘厳供養するための旗のことだが、同じく幡を奉納した大名の正室のなかに稲葉正通の縁者が二人いた。越前大野藩主・土井利知《としとも》の正室は正通の妹で、豊前中津藩主小笠原長円《ながのぶ》の正室は正通の娘であり、稲葉家からの働きかけで奉納したことは想像するにたやすい。

徳川御三家筆頭の尾張藩主徳川吉通《よしみち》の正室からも、奥女中瀬川の名で「打敷《うちしき》」が奉納された。打敷とは仏壇や仏具の敷物のことで、葵の紋所が付いていたはずだ。

諸大名の正室たちからも篤信を得たことで、成田山はさらに箔を付ける。その格はいっそう高まったのである。

## 大奥に上がった身延山久遠寺の祖師像

護国寺や成田山の成功事例もあって、寺社は大奥との人脈を得ることにきわめて熱心になる。だが、地方の寺社の場合、不利な条件下にあったことは否めない。奥女中に参詣を勧めたとしても、日帰りできる距離の寺社でなければ実現は不可能であった。

したがって、江戸出開帳は地方の寺社にとって千載一遇のチャンスに他ならない。奥女中側にしても、わざわざ寺社の方から江戸までやって来てくれるわけであり、同様に千載一遇のチャンスだ。

こうして、六十日間にわたる開帳期間中は、貴重な機会を逃すまいと大奥や諸大名の江戸屋敷から奥女中たちが参詣することになる。

この機会を通じて、地方の寺院は大奥との人脈を築く。その人脈をてこに、秘蔵の神仏が大奥に入って御台所や側室、奥女中たちの礼拝を受けたら、しめたものだ。実際、そのような事例も珍しくなかった。

十一代将軍家斉の時代にあたる文政十三年（一八三〇）に、リクエストを受けて身延山

久遠寺の本尊・祖師像が大奥に上がった事例を紹介しよう。（望月真澄『近世日蓮宗の祖師信仰と守護神信仰』平楽寺書店）

この時の出開帳（於深川妙心寺）は九月二十四日に終了したが、早くも二十六日には祖師像が大奥に上がる。二十六日午前十時に江戸城平川門まで祖師像を持ってくるよう、幕府から申し渡されたのだ。

平川門は大奥の女性たちが城外に出る際に使われた城門である。城内で死者が出たり、事件を起こしたりして罪人になった者を城外に運び出す時にも使用された。播州赤穂藩主の浅野内匠頭《たくみのかみ》長矩《ながのり》は江戸城松の廊下での刃傷後、平川門から城外に出されて最期の時を迎えている。

平川門からは幕府の役人が祖師像を大奥まで運んだ。大奥に上がったのは祖師像だけではなかった。開帳用に久遠寺から持参した「什物《じゅうもつ》」や賽銭箱なども一緒だった。ここで言う什物とは寺宝のことだろう。

十月五日まで、祖師像は大奥に置かれ、御台所や側室、奥女中の礼拝を受けた。大奥を会場とした出開帳だったが、賽銭箱には御賽銭が入れられ、別に金品も奉納されたのは言うまでもない。

最終日、祖師像などは平川門まで運ばれ、迎えに来た久遠寺に引き渡された。だが、祖師像はそのまま身延山に帰ったわけではない。諸大名からのリクエストを受け、いくつもの江戸屋敷を回っている。

大名の正室は、幕府への人質として江戸屋敷に住むことが義務付けられていた。正室のもとには奥女中が仕えており、屋敷内の一角は「ミニ大奥」のような空間だった。ここも出開帳の会場となったのである。

大奥の時と同じく、御賽銭と金品が奉納された。大名屋敷を回るたびに浄財は溜まっていく。久遠寺も単に受け取るだけではない。御守りや御札などを献上することで、その厚い信仰を引き続き期待した。

成田山と並んで、現在では東京圏の初詣のベスト3に名を連ねる川崎大師平間寺《へいけんじ》は、時の将軍家斉からも厄除け大師として厚く崇敬された。家斉がわざわざ参詣したほどだったが、川崎大師も江戸で出開帳を行っている。

天保十年（一八三九）には、厄除け大師が大奥にも上がり、家斉や大奥の女性たちから礼拝を受けた。その折、川崎大師は厄除けの御守りと、御洗米《ごせんまい》を千袋ずつ献上している。それだけの人数が奥女中として勤めていたことを物語る数字でもあった。

## （4）開帳の大スポンサーだった江戸の豪商

### 現在まで伝わる豪商三井家の御稲荷さん

これまで見てきたように、主催の寺社は何よりも宣伝に力を入れた。だが、先立つ物がなければ宣伝はおろか企画自体が成り立たない。潤沢な資金力が開帳を成功に導く必須の条件であった。

講からは物心両面のバックアップを受けていたとはいえ、寺社側からすると、資金力を持つ商人がスポンサーになってくれれば実に心強かった。江戸の豪商が後ろ楯になることで開帳が成功した事例は少なくないが、商人側も単に信仰心から支援したのではない。その裏には、したたかな営業戦略が秘められていた。

以下、江戸の豪商の代表格である三井家が開帳のスポンサーとなった事例を見ていこう。

（『墨田区文化財調査報告書』Ⅱ、墨田区教育委員会参照）

三井家がスポンサーに付いた神社は、三囲《みめぐり》稲荷というお稲荷さんである。江戸は商業の神様である稲荷社が多い町だった。

三囲稲荷は現在も隅田川沿いの墨田区向島の地にある。ただ、当時は江戸の町には含まれず、江戸郊外にあたる小梅村内の稲荷社だった。この界隈は風光明媚な行楽地として人気があった上、隅田川七福神の一つにも加えられたことで三囲稲荷は大勢の参詣者で賑わった。

この稲荷が現在、三越百貨店の日本橋店や銀座店の屋上に勧請されている。三囲稲荷に対する三井家の信仰の厚さがよく分かるが、その由緒を辿ると江戸に遡る。

三井家つまり越後屋呉服店が三囲稲荷を信仰したことは江戸っ子にも広く知られていた。「越後屋之稲荷様」と呼んだほどだが、三井家が数ある稲荷社のなかから、三囲稲荷に帰依するようになった理由とは何だったのか。

江戸の三井家の祖である三井高利《たかとし》の孫に高房という人物がいる。この三井高房の代から三囲稲荷への信仰がはじまった。その後、享保期（一七一六〜三六）に三井家の祈願所に選ばれたことで、三囲稲荷の名前は江戸で広く知れ渡るようになる。寛延三年（一七五〇）に、三井家は信仰の証しとして絵馬堂の建立費を寄進している。

その頃、三井家は江戸での経済活動が最高潮に達していた。これは帰依する三囲稲荷の霊験の賜物であるとして、商売繁盛の御礼絵馬堂を建立したのである。

となれば、三井家が財をなしたのは三囲稲荷の霊験によるものという評判が江戸で立つ。それにあやかりたいと、人気はさらに高まった。

居開帳の際には、三井家から強力なバックアップを受けている。三井家の祈願所となった享保期以降で見ると、宝暦二年（一七五二）の開帳が最初であった。

この時、三井家では江戸店だけでなく京都店や大坂店、さらには三井家出入りの商人にも寄付を依頼した。三囲稲荷にとってはこれ以上ない支援であり、三井家がスポンサーに付いたことのメリットは大きかった。

しかし、三井家も商人である以上、無条件にバックアップしたわけではない。実は宝暦二年の初めての開帳で三囲稲荷は赤字を出し、三井家は多大な出費を余儀なくされる。三囲稲荷側の会計処理に問題があると、三井家では見ていた。

## スポンサーからの厳しい条件

通例、開帳は順年開帳として、前述のように三十三年おきに実施された。三囲稲荷としては、宝暦二年の三十三年後にあたる天明四年に開帳することを望んでいた。しかし、スポンサーである三井家の反対によって、この時は実現に至らなかった。

たしかに、宝暦二年の開帳は江戸で大評判となり、開帳場は賑わった。賽銭にしても、三井家各店からの寄付にしても、相当の額が集まったが、様々な出費が嵩んで開帳の収支は結局赤字となってしまう。その穴埋めをしたのが、三井家だった。

開帳のスポンサーである以上、赤字となれば主催者に当然クレームを入れる。次（天明四年）の開帳への協力を断ったのも、宝暦二年の悪い成績結果が一番の理由であった。

たとえ江戸での開帳に不可欠の幕府（寺社奉行）の許可が下りても、スポンサーの協力が得られなければ実施は難しい。そのため、三囲稲荷は開帳願を幕府に提出できず、開帳は先送りになる。

もう一つ、三井家が協力を断った理由があった。時節が良くないとの判断だ。当時は東北や北関東を襲った天明の大飢饉の影響で江戸の米価は高騰し、生活不安が蔓延していた。そんな社会不安のなかで開帳しても、収益は期待できないと考えたのである。

天明四年の開帳は三井家の反対によって実現できなかったが、このとき開帳を望んだのは三囲稲荷だけではない。地元の小梅村も三井家に開帳への協力を要請していた。

なぜ、地元は開帳を望んだのか。やはり大きな経済効果を期待したからだ。実際、門前町などの地元からの要請で居開帳が行われる事例は珍しくなかった。

三井家は前回（宝暦二年）の開帳での思わぬ大出費がトラウマになっていた。その後も、開帳には消極的な姿勢を取り続ける。

しかし、三井家が開帳を差し止めているように世間に受け取られるのも、いわば企業イメージにはマイナスだった。

本来ならば天明四年に開帳となるところ、三井家が協力しないため先送りされたことに、様々な風聞が江戸市中に流れていたのだろう。三囲稲荷との深い関係は江戸の町では周知の事実となっており、三井家も次のように認識していた。

当家が三囲稲荷を厚く信仰していることは世間には広く知られ、「越後屋の稲荷様」とまで呼ばれている。三井家がいつまでも開帳の願書を差し止めていると、三囲稲荷への信仰心自体が疑われかねない。

そのような懸念も相まって、ようやく三井家は重い腰を上げて開帳への協力を決める。ただし、以下のような約束を交わした上での協力だった。

収益が出れば、堂舎の修復費として三井家に預ける。そう約束させた。三囲稲荷だけの意思では使えないようにしたのだ。いつの時代もスポンサーは強い。万一赤字となった場合は、三井家に無心すなわち穴埋めを願わないことも約束させている。

三囲稲荷もこの要請を受け入れたため、日ならずして寺社奉行所に開帳の願書が提出される。願いは無事認められた。

いよいよ寛政十一年（一七九九）二月十五日から、約五十年ぶりの開帳がはじまることになる。

スポンサーとして資金面での協力を決めた以上、何としても成功させなければならなかった。よって、宝暦二年時の開帳を上回る支援体制を敷く。今回は江戸・京都・大坂三都の店に加え、三井家発祥の地である伊勢の松坂店にも寄付金集めにあたらせている。

まさに全店を上げたバックアップにより、三囲稲荷は開帳の初日を無事に迎えた。

## ビロードの牛が登場

開帳は三囲稲荷そして地元小梅村の期待どおり、たいへんな賑わいとなった。開帳場には信徒や商人たちからの奉納物が所狭しと陳列された。とりわけ目を惹いたのは越後屋と同じく江戸有数の呉服店として知られた白木屋の奉納物だった。

天鵞絨（ビロード）の牛の造り物が大評判を取り、参詣者が押し寄せた。白木屋の名前をPRしようという目論見が見事当たった格好である。宣伝効果としては大成功で、企業イメージも大いにアップしただろう。

このように開帳は、今で言うCI（コーポレート・アイデンティティ）戦略を発信する絶好の場所として位置付けられていった。

三井家も負けてはいない。米二百俵、金三十両、銭五十貫文を奉納している。開帳場には店の者を派遣し、警備などに当たらせた。

賑わったのは境内だけではない。隅田川の土手から小梅村の畑まで開帳記念の提灯が数千も立ち並び、あたかも祭礼場の様相を呈した。

三囲稲荷の参詣者を相手にした既存の料理茶屋のほか、押し寄せる参詣者に目を付けた小梅村の農民が、にわかに飲食店を開いている。店と言っても、祭礼の時の出店のような簡便な店舗だろう。

店では赤飯や菜飯《なめし》などの軽食、酒やスイーツ、弁当まで売られた。ウナギやドジョウまでメニューにあった。開帳期間中、まさに三囲稲荷界隈は歓楽街に変じた。稲荷が鎮座する小梅村が経済効果を大いに享受していたことが分かる。

隅田川も参詣者を乗せた船であふれた。上り下りする屋形船・屋根船・猪牙船《ちょきぶね》で隅田川が塞がってしまうぐらいであった。

三囲稲荷近くには大川橋（現吾妻橋）が架かっていたが、渡し船も隅田川を頻繁に行き来した。参詣者があまりに多く、渡し船に乗り切れないほどだった。強風の時は船が揺れ

庶民は、なけなしのお金と余裕のある時間を使って、江戸の娯楽を大いに堪能した。賑わう両国の川開き
（「江戸名勝図会・両国橋」＝国立国会図書館蔵）

て怪我人も出ている。

三囲稲荷とは隅田川を挟んで向かい側に当たる浅草も、今回の開帳の恩恵を受けたことだろう。浅草寺への参詣者も増えたはずだ。その波及効果は浅草だけにとどまらなかった。二キロほど離れた湯島や下谷まで人出が増え、恩恵を受けたと当時の記録には書かれている。

こうした賑わいが、六十日間にわたって続いたのである。

## 開帳の経費を立て替えた豪商住友家

住友家と言えば、三井家と同じく銀行や商社、不動産経営などで知られる旧財閥の一つである。もともとは銅山経営で財をなした豪商だった。江戸の頃は「泉屋」が通称である。泉屋は江戸で両替商と札差を営んでいた。札差は幕臣（旗本や御家人）に支給される俸禄米の換金業務に携わった商人だが、俸禄米を抵当とした幕臣への貸付業で巨利を挙げる者が多かった。泉屋もそんな札差の一人であった。

この泉屋こと住友家が厚く信仰した寺院が、同家の菩提《ぼだい》寺の一つである京都嵯峨の清涼寺だった。明和七年（一七七〇）の江戸出開帳（於回向院）では、住友家が諸々の経費を負担するスポンサーとなっていた。奉納金集めにも奔走したが、その背景には清凉寺の深刻な財政事情があった。（海原亮「嵯峨清凉寺釈尊の江戸出開帳と住友」『住友史料館報』三六）

当時、清凉寺は代々所持する山林や竹林、寺の什物の売却を迫られるほどの財政難に苦しんでいた。窮した清凉寺が住友家に相談したところ、以下のとおり助け舟を出してくれたのである。

今度の出開帳が終了するまでは、住友家が寺院経営の面倒を見る。その上、山林や什物を抵当に開帳の経費として二千両を立て替える。立て替えた分の返済は出開帳による収入（賽銭や奉納金など）をもって充てたい。

清凉寺はこの申し入れを受け入れ、出開帳は無事に開催の運びとなる。

経費としては、まず京都から江戸までの釈迦如来の運送費。回向院境内に本尊を安置する開帳小屋の建設費。それに加え期間中の警備や事務処理のため、会場にも人を配置しなければならなかった。その人件費も馬鹿にならない。

前述のとおり、開帳の成否はどれだけ江戸の話題になるかで決まる。事前のプロモーシヨンや会場での予告イベントなど、宣伝も念入りに行う必要があった。おのずから宣伝費も膨れ上がるが、住友家では諸々の費用を合わせ、この出開帳には二千両が必要と見積もっていたことが分かる。

期間中は、賽銭や奉納金などが毎日入ってきた。しかし、借財の返済に充てられることになっていたため、清凉寺は手を付けることができなかった。住友家が一時預かるかたちが取られた。

開帳終了後、立て替えていた二千両を差し引き、残りが清凉寺に渡されている。残額が開帳による利益ということになる。

次の出開帳は三十一年後の享和元年（一八〇一）だった。だが、依然として清凉寺は財政難を克服できていない。そのため、またも住友家が開帳の経費を立て替えている。

前回同様、清凉寺は開帳期間中に入ってくる賽銭や奉納金などには手を付けられなかった。同じように開帳終了後、経費を差し引いた分が住友家から渡されたのである。

## 豪商の顧客サービスに利用された開帳

清凉寺は借財のカタとして開帳の収入をあらかじめ住友家に握られていたが、住友家の立場からすると、開帳を成功させなければ貸した二千両が戻ってこない。収益を上げようと必死になる。

そのためには何が必要かといえば、集客が読みにくい参詣客からの浄財よりも、自分の方から出掛けて奉納金を集めてしまう策に尽きる。それも大口であればあるほど望ましい。

開帳前、住友家は清凉寺の僧侶と一緒に各方面に挨拶回りに出掛けている。しかし、本当の目的は奉納金の集金であった。出掛けた先には。駿河町に店を構える越後屋（三井家）、大伝馬町の大丸屋、日本橋通一丁目の白木屋、上野広小路の松坂屋など江戸の名だたる豪商たちが含まれた。

もちろん、挨拶だけでは済まない。高級料亭として知られる八百善などに招待して宴席を設け、奉納金を確保しようとしている。

一連の支援は住友家の信仰心の賜物ではあったが、スポンサーの特権を生かして、釈迦如来像や清凉寺の霊宝の特別拝観を実施していたことは興味深い。

先に登場した文人の大田南畝は幕臣でもあり、札差業を営む住友家に俸禄米の換金業務を委託していた。住友家にとっては顧客の一人だが、釈迦如来像や霊宝、絵画などを特別に拝観させている。顧客サービスの一つとして、開帳を活用したことが確認できよう。顧客だけでなく、奉納金に協力してくれた商人にも特別拝観を実施したようだ。

開帳終了後、清涼寺は諸大名の要請に応えて、それぞれの江戸屋敷まで釈迦如来像や霊宝などを運び込み、礼拝の機会を設けた。改めての出開帳であり、藩主や正室、奥女中たちが礼拝している。

スポンサーの住友家はこうした機会を活用して、大名家との人脈を得たことだろう。御用達商人として出入りするチャンスも摑めたはずだ。

信仰心の裏には商人のしたたかな営業戦略が秘められていたのである。

# あとがき

粋な江戸っ子たちが銭を惜しげもなく注いだ娯楽には、表と裏の顔があった。富突、飲む・打つ・買う、寄席・芝居、天下祭、開帳、という切り口から、そこに迫ってみた。内需依存の閉じられた社会を強いられた江戸時代、国内の娯楽産業は内需拡大つまりは経済の活性化に大きく貢献していた。本書では主に大規模イベントの舞台裏に焦点を当てたが、現代との共通点も数多く見出せた。

宝くじの原型である富突では前後賞や組違い賞なども設けられ、購買意欲を喚起するための仕掛けが施されていた。

飲む・打つ・買うといった三つの道楽からは、グルメブームや様々なギャンブルなども次々と生まれた。

寄席や歌舞伎では女性客の姿が目立ち、その盛況を支えた。寄席には、女性の演者まで登場して芸を披露した。

天下祭や開帳といった大掛かりなイベントを成功させるには素人では無理であり、専門業者に業務を請け負わせるのが一般的だった。現代風に言えば、コーディネーター、プロモーター、プロデューサーなどの職業が誕生していた。

いずれも、泰平の世であったことの成せる業であった。こうした現代との共通点を持つ娯楽産業が紆余曲折を経ながらも花開いたことで、大江戸の繁栄はもたらされた。江戸の人々が熱狂した「お楽しみ」の光と影を通じて、そんな舞台裏が見えてくるのである。

本書執筆にあたっては朝日新書編集長の宇都宮健太朗氏、編集者の福場昭弘氏の御世話になりました。末尾ながら、深く感謝いたします。

二〇二二年六月

安藤優一郎

# 参考文献

滝口正哉『江戸の社会と御免富―富くじ・寺社・庶民』岩田書院、二〇〇九年
増川宏一『賭博の日本史』平凡社選書、一九八九年
藤田覚『遠山金四郎の時代』校倉書房、一九九二年
原田信男『日本ヴィジュアル生活史　江戸の料理と食生活』小学館、二〇〇四年
長島憲子『近世浅草寺の経済構造』岩田書院、一九九八年
竹内誠『江戸の盛り場・考―浅草・両国の聖と俗』教育出版、二〇〇〇年
守屋毅『近世芸能興行史の研究』弘文堂、一九八五年
田口章子『江戸時代の歌舞伎役者』雄山閣、一九九八年
加藤貴編『江戸を知る事典』東京堂出版、二〇〇四年
安藤優一郎『観光都市江戸の誕生』新潮新書、二〇〇五年
岸川雅範『江戸天下祭の研究―近世近代における神田祭の持続と変容』岩田書院、二〇一七年
滝口正哉『江戸の祭礼と寺社文化』同成社、二〇一八年
比留間尚『江戸の開帳』吉川弘文館、一九八〇年
安藤優一郎『大江戸の飯と酒と女』朝日新書、二〇一九年
安藤優一郎『江戸の旅行の裏事情』朝日新書、二〇二一年

安藤優一郎　あんどう・ゆういちろう
1965年、千葉県生まれ。歴史家。文学博士（早稲田大学）。早稲田大学教育学部卒業。同大学院文学研究科博士後期課程満期退学。主に江戸をテーマとして執筆・講演活動を展開。JR東日本「大人の休日倶楽部」などの講師を務める。『大奥の女たちの明治維新』『大江戸の飯と酒と女』『渋沢栄一と勝海舟』『越前福井藩主 松平春嶽』『江戸の旅行の裏事情』など著書多数。

朝日新書
872
大江戸《おおえど》の娯楽裏事情《ごらくうらじじょう》
庶民も大奥も大興奮！

2022年7月30日第1刷発行

著　者　安藤優一郎

発行者　三宮博信
カバーデザイン　アンスガー・フォルマー　田嶋佳子
印刷所　凸版印刷株式会社
発行所　朝日新聞出版
〒104-8011　東京都中央区築地5-3-2
電話　03-5541-8832（編集）
　　　03-5540-7793（販売）

Published in Japan by Asahi Shimbun Publications Inc.
ISBN 978-4-02-295181-6
定価はカバーに表示してあります。